新版 人生に奇跡を起こす

天使のスピリチュアル・サイン CDブック

Signs from above
Angelic Messages to Guide Your Life Choices

ドリーン・バーチュー
チャールズ・バーチュー
奥野節子［訳］

ダイヤモンド社

SIGNS FROM ABOVE
by Doreen Virtue, Ph.D. and Charles Virtue

Originally published in 2009 by Hay House Inc. USA
Japanese translation published by arrangement with Hay House UK Ltd.
through The English Agency (Japan) Ltd.

Tune into Hay House broadcasting at: www.hayhouseradio.com

付属CD『天使への祈り』について

ドリーン・バーチュー／チャールズ・バーチュー

訳：奥野節子

ナレーション：北原久仁香

このCDには、本書の第9章（157ページ～）で紹介されている、天使からサインを受け取るための36種類の祈りの言葉が収録されています。

特定の問題についてサインを受け取りたいときに、該当する祈りの言葉を聴いたり、CDのナレーションと一緒に唱えてみてください。実際に声に出して唱えるのでも、心の中で唱えるのでもかまいませんし、オリジナルのメロディをつけて歌うように唱えてもかまいません。また、手帳やノート、カードなどに書いて祈ってもいいでしょう。

なお、各トラックの祈りの言葉は、いずれも同じ文章を2回繰り返して収録されていますが、2回目のナレーション音声は、1回目の音声より意図的に音量を下げて収録しています。この違いを活用して、1回目のナレーション音声は聴き流して2回目のナレーション音声と一緒に祈りを唱えるようにするなど、あなたに合う使い方を見つけてください。

また、トラック1、6、7、8、14、17、19、21、28、33、34にはナレーションの途中に無音部分がありますが、その部分は9章に紹介されている祈りの言葉の文中にある〔　〕に該当します。各祈りの言葉の文中の〔　〕を参照していただき、そこに記されている祈りに関係する人名や事柄を当てはめて唱えてください。

内容

この本を大天使ミカエルに捧げます。
彼の助けと強さとサポートのおかげで、
私たちは人生を変える勇気を与えられ、
他の人も同じように助けることができました。

はじめに

天使は、いつもあなたのそばにいて、あなたの祈りに応《こた》えようとしています。

でも、ストレスの多い生活をしていると、直感や思考を通してやってくる天使の優しい声が聞こえないかもしれません。このような場合、天使はもっとはっきりしたサインを送ってメッセージを伝えようとします。そのサインの特徴は、次のようなものです。

＊繰り返しやってくる。
＊普通では考えられないことが起こる。
＊あなたにとって特別な意味がある。
＊神に祈ったり、尋ねたりしたタイミングで現れる。

私たちは人生で、お祝い事や試練、喜びや苦しみ、再会や喪失などさまざまなことを経験します。ときには、どんなスピリチュアルな人でさえ、誰も助けてくれず、一人ぼっちのように感じることがあるでしょう。でも、天使はいつでも私たちのそばにいて、導いてくれているのです。

この天のメッセンジャーは、私たちに安らぎをもたらしてくれ、さらに他の人たちも同じように導きます。ただ、天使は私たちの許可がなければ介入できず、私たちの自由意思に反することはできません。

私たちは良い経験、悪い経験の両方から学び、魂を成長させるためにこの世にいるのです。私たちは生まれる前に、地上で学ぶ目的やレッスンを選びます。これが聖なる契約といわれるもので、私たちがどのような人生を送るかを決めるのです。

あなたの魂は、人生がもたらすあらゆることを経験するよう運命づけられています。上流階級に生まれようが一般市民に生まれようが、この人生はあなたの魂の成長にとって素晴らしいチャンスにあふれたものなのです。

天使は、私たちがすぐには気づかないような方法で助けてくれます。なぜなら天使の役割は指示を与えることではなく、私たちを導き、守ることだからです。天使は、シグナルやちょっと変わったものをサインに使って、答えやヒント、メッセージや警告などを送ってくれます。サインは、私たちのそばに天使がいることを知らせるものなのです。

サインによるコミュニケーションは人類の歴史と同じくらい古いものですが、よく知られているわけでもなく、十分な理解もされていません。天使は、このような状況が変わることを望んでいます。なぜなら、天使にとってサインは、私たちと直接につながる最も一般的な方法だからです。天使は、いつでもメッセージを送っていることを知っていてほしいのです。

あなたは今日、すでにいくつかのサインを見ているはずです。夜眠るまでには、もっとたくさんのサインに出会うことでしょう。

天からのサインを経験するには、次の２つが必要です。まずはサインを信じること、次にサインに気づくことです。

サインの大きさや現れる頻度は人や状況によって異なりますが、それは私たちを助けるためにたくさん存在しています。毎日、天使がくれる大なり小なりのメッセージに気づいて活用する方法を学べば、あなたの人生に素晴らしい変化が起こるでしょう。

この本を読み進めるうちに、天使がどれほどたくさんのサインを送ってくれているかがわかるはずです。

直面した大きな問題にあなたが助けを求めて祈ったとき、サインが繰り返しやってきませんでしたか？

導かれた感じがしませんでしたか？

不思議とすべてが収まるべきところに収まったということはありませんか？

そんな経験があるのなら、おそらくあなたはサインに従っていたのです。

サインには小さなものも大きなものもありますが、それぞれに特別な目的があります。それはあなたを慰めることだったり、最終決断を助けたり、確認を促すことだったりします。サインに従うと、現状を乗り越えるだけでなく、人生の目的を実現する助けにもなります。サインに注意を払っていれば、人生のあらゆる面が改善されていき、自分の使命を生きていると感じられることでしょう。

サインに耳を傾けると、天使界に対してあなたがサインを受け入れ、もっとサインを望んでいることを示すことになります。送られたサインが理解できなければ違うサインを見せてくれるように、あるいは、もっとはっきりわかるようなサインがほしいと天使にお願いしてください。

私たちに必要なのは、サインを探すことではなく、それに気づくことことです。この違いは微妙なものです。サインを必死に求めすぎれば、緊張感が高まって天使とのコミュニケーションを難しくするでしょう。リラックスすることが、私たちを守ってくれている天使のエネルギーと自分の体や魂のエネルギーをひとつにするのです。

ですから、くつろいだ気持ちでこの本を楽しみながら、天使にサインを頼み、それに気づいて理解する方法を学んでください。

あなたが出会うサインの種類は無限ですが、その中には繰り返し現れ、大きな影響力を持つものもあります。

この本では、天使がメッセージを送り届ける一般的な方法についてお話しします。たとえば、天使のような形をした雲、コイン、羽根、虹、歌などです。さらに、人々が天使に導かれ、守られ、癒された実話も紹介しましょう。

天使のスピリチュアル・サインCDブック＊目次

第９章　サインを受け取るための祈り……157

第1章 幸せをもたらす雲

雲は大気中の水蒸気からなり、世界中を漂いながら、ガーディアン・エンジェル（守護天使）のように私たちの頭上に浮かんでいます。天使は、このような自然が生み出す景観をサインとして用いるのが大好きです。なぜなら、雲はどんな形にも姿を変え、見る人を楽しませるからです。この章では、雲がサインとなって慰めや幸せのメッセージを伝えたお話を紹介しましょう。

キャシー・ロバートソンは、大切な親友から、二人は決して離れることはないというサインを受け取りました。

……

ウィリーと私は、10年間一緒に過ごした親友でした。彼は、白と黒の長い毛を持つ大型のボーダー・コリーで、その大きさゆえに怖がる人もいましたが、子羊のように優しかったのです。子どもたちからはいつも「優しい巨人」と呼ばれていました。ウィリーは思いやりある優しい性格で、私は彼が大好きでした。私にとても忠実で、何時間でも膝の上に乗っていたものです。

ウィリーは4歳のときにてんかんを発症し、発作は月日が経つにつれてひどくなりました。そして2005年3月、とうとうお別れの日がやってきたのです。ウィリーが死んだ後、私は夢で会いに来てくれるのを期待していましたが、その気配はまったくありませんでした。

その後、夫と別れることになって、私はますますつらい日々を送っていました。私は天使に祈り、気持ちがワクワクし、喜びとなるようなメッセージを夢の中でください、とお願いしました。すぐに夢はかなう、と天使が言ってくれるのを望んでいましたが、実際には夢ではなく、数人の友人とランチをした後にメッセージを受け取ったのです。

私たちは楽しい時間を過ごし、食後にみんなで少しぶらぶらすることにしました。そのとき、ちょうど電柱の高さぐらいに、底に黒い大きな割れ目のあるミルク色の雲が浮かんでいるのに気づいたのです。すぐに友人たちを呼んで、しばらくみんなで眺めていると、その雲が私の愛しいウィリーの形になったのです！　彼が若くて健康だったときの堂々とした姿に見えました。私は思わず、「ウィリー、やっと訪ねてきてくれたのね」と叫んでしまいました。

なんとうれしい、喜びに満ちた訪問だったことでしょう！　それは、天使がくれたいちばん素晴らしいメッセージでした。まさに天使らしいやり方で、私の愛するウィリーが天国にいて、健康で幸せであることを知らせてくれたのです。このときから私は幸せと安らぎを感じています。


天使や亡くなった愛する人は、鳥や蝶や花という形でサインを送ってくることがあります。他には、故人と関係するユニークな香り（たとえば、お気に入りの香水、タバコの煙など）だったり、テレビ画面や照明を点滅させることもあります。けれど、天国からの『愛している』というメッセージとして最も一般的なものが雲なのです。

あなたは、亡くなった愛する人が慰めのメッセージを伝えている雲をどのくらい見たことがあるでしょうか？　あなたの心が開かれているなら、おそらくその機会はとても多いことでしょう。ですから、2、3回見落としたぐらいで心配せずに、天のほうへと目を向けていてください。天使は、あなたの求めるメッセージを送るためなら、どんなことでもしてくれるでしょう。キャロル・エドワーズは、天使の形をした雲に慰められたというお話を聞かせてくれました。

2007年の涼しくて静かな、ある午後のことです。私は芝生でくつろぎながら、雲を眺めていました。すると、そのうちの1つが、天使そっくりの形になったのです。その光景に畏敬の念を抱き、天は私たちを見守ってくれていると確信できました。天使は大きな翼を持ち、優雅に揺れるガウンを羽織っていました。美しい微笑みを浮かべ、そのまなざしは真っすぐ私へと注がれていました。

まもなくその雲は跡形もなく消えてしまいましたが、反対側の空を見ると、まるで父が私を見ているかのような形をした雲があったのです。父は2001年に、突然この世を去りました。ですから、この光景を目にしたときには涙があふれてきました。私は大きな愛と温かさに包まれ、父が今もそばにいて私を見守ってくれていると確信したのです。

前の雲と同様に、この光景もすぐに消えてしまいました。でも、天使とスピリットを信じる私の気持ちがよみがえったのです。天使の雲を垣間見たことで、私は愛と喜びと希望を与えられました。

月並みに聞こえるでしょうが、苦難のさなかにいるときには、あなたの心配事が何であれ、雲を見上げるだけでそれを手放す助けとなるでしょう。天使は、あなたが苦しみを乗り越えるのを助けたいと思っているのです。そして、それが可能なことを証明してくれます。

あなたが感情的になったり、ネガティブになったり、動揺しているときには、すべてを天使にゆだねてみてください。雲を見上げることで、文字通り肩の荷がすべて下りたように感じるはずです。キャロライン・オオタもそんな経験をしました。

２年前の夏、私は仕事をクビになりました。その少し前にも同じことがあり、これが２度目の解雇でした。当時私は50歳でしたが、精神的にぼろぼろで怒りを感じていました。この状態から抜け出せるようには思えず、心配しすぎて病気になりそうでした。ちょうど『エンジェル・セラピー』（ドリーン・バーチュー著　宇佐和通訳　ベストセラーズ）

を読み終えたところでしたが、何かを学んだようには思えませんでした。

親戚の集まりがあり、夫の運転でカリフォルニアの自宅からアリゾナに向かっていたときのことです。私はリラックスしようとしましたが、頭にはネガティブで無意味なことばかり浮かんできました。そこで、天使の手にゆだねようと決め、車のシートを倒して空を見上げたのです。

なんと6時間のドライブ中ずっと、美しい天使の雲が見えていました。やがて穏やかな気持ちになり、自分を傷つけた人たちを許そうと思えてきたのです。私は1つの節目を乗り越え、ようやく人生を前に進められる気がしてきました。

失業したおかげで、私は家族と一緒に1ヶ月の休暇をギリシャの島々で過ごせました。これは家族でずっと夢見ていたのに、私の仕事のせいで実現できていなかったことです。

自宅に戻ると、仕事の話が3つも舞い込んできていて、結局、娘の高校で働くことに決めました。まさに私が望んでいた幸せが与えられたのです。


「禍《わざわい》を転じて福となす」ということわざを聞いたことはありませんか。本当にその通りなのです。でも、問題の中に隠れた恵みを見つけるまで、あなたは心配したり、落ち込ん

だりすることでしょう。

誰もが人生の大切な岐路に差し掛かったときに、注目すべき出来事が起こります。すべては神のタイミングで起こり、何ひとつとして急がすことはできません。ですから、天からの答えがはっきりしないと思ったら、天使にすべてがうまくいっているというサインをお願いしてください。ジョー・ホフタイザーが経験したように、天使は必ずサインを与えてくれるでしょう。

私の青春時代は、とてもつらくて寂しいものでした。20代前半の私は両親と同居し、コミュニティ・カレッジに通っていました。ある日、たまたま手にとった天使の本の中に、「ガーディアン・エンジェルに助けてもらうには、自分の人生に介入してほしいとお願いしなければならない」と書かれていました。そこで私は、その通りにしてみたのです。

当時、私は精神的にかなり参っていて、自分でも気づかないうちにひどいうつ状態になっていました。特に期待していたわけではありませんが、天使に助けをお願いしてみると、すぐに次のようなことが起こったのです。

早朝、まだ空に夜明けの色が残る中、私は丘の上にある学校へと車を走らせていました。すると、真正面に天使の形をした雲があることに気づいたのです。天使の翼が空にアーチを描いているようでした。

それを見たとき、驚きと喜びから、涙があふれてきました。私の願いは天に通じ、天使がそれに応えてくれたのでしょう。その日は一日中、うきうきしていました。その瞬間の美しさを思うと、今でも笑みが浮かびます。その後、すぐにすべてが改善されたわけではありませんが、孤独に思うことは少なくなり、希望を持てるようになりました。天使は本当に存在し、いつも私たちと一緒にいるとわかったからです。まだつらいことはありますが、あの出来事を思い出すと、心に光がよみがえってきて微笑むことができるのです。

心に浮かぶとりとめない考えが、実は天からのメッセージだったと知れば驚くことでしょう。ケリー・スーは、天使のサインによって悲劇的に思えた状況が癒しと絆をもたらすものに変わったという話をしてくれました。雲のサインに気づいたことで、彼女は人生の贈り物を理解できたのです。自分や近親者の人生に意味があると知ることが、あなたにと

って最大の贈り物となるでしょう。

私は裏庭に座って、母や息子のことを考えていました。深い愛と感謝の思いが込み上げてきて、胸がいっぱいになりました。そのような抑え切れない感情は初めてでした。

空を見上げると、2つの雲が浮かんでいました。まるで小さな天使と大きな天使が手をつないでいるように見えました。私はすぐに、私の母と息子だと思えたのです。この光景に衝撃を受け、しばらく呆然としていました。

2週間後、母が末期ガンと診断されました。私が面倒を見ることになり、母との結びつきはいっそう深まりました。絶望感に陥るたび、私は天使の雲のことを思い出して、再び母のために強くなれたのです。5ヶ月後に母は天に召されました。

誰もがそうでしょうが、私は深い悲しみに沈みました。今もまだ、たびたび悲しみが訪れます。でも、これを書くことによって、母は安らかに光の中にいると知ることができました。母の私への愛が今も生き続けているのを感じています。

天使の願いは、私たちが彼らのメッセージを信じて、耳を傾けることだけです。天使は、

私たちの人生を支配しようとしているのではありません。彼らの力がいちばん発揮されるのは、私たちを慰めるときなのです。天使のサインは、私たちが一人ぼっちではなく、正しい道を歩んでいると教えてくれます。天国の愛とパワーを感じ、天使が味方であるとわかれば、とてつもなく大きな障害もささいな問題に変わってしまうでしょう。これは、ヒロコ・イワサが経験したことです。

雲の中に天使を見つけてから、私の人生観は大きく変化しました。

3年前、私は仕事をやめてアロマセラピーの勉強を始めました。数ヶ月後、アロマセラピーの教師の資格も取得しました。

私は教えることを楽しんでいましたが、しばらくすると生徒がやめ始め、収入は減っていき、次の教室の材料も買えなくなったのです。そこで、収入の足しにコールセンターでのパートを始めましたが、とてもストレスの多い仕事で体調を崩し、それが残っている生徒にまで悪影響を与えてしまいました。

1年半後、アロマセラピーの教室から帰路についた私は、自分の将来を悲観していました。どうしても助けがほしくて、「天使よ、どうぞ私を助けてください。もう限界です」とお願いしました。

空を見上げると、天使のような形をした雲が3つありました。今にも地上に舞い降りてくるかのようでした。不思議なことにその日から、体調がよくなっていったのです。

3日後、私は思いもかけない賞品を受け取りました。大天使のオラクルカードを贈呈され、さらに私のアロマセラピー教室を無料で宣伝してもらえることになったのです。天使が祈りに応えてくれたおかげで、私はコールセンターでの仕事をやめて、アロマセラピー教室に専念できるようになりました。天使の雲を見つけてから、私の人生はよいほうへと変わり続けています。

ヒロコのように多くの人が、現在の仕事をやめて自然療法やヒーリングなどの仕事につくようにすすめるメッセージを受け取っています。あなたもその一人なら、スピリチュアル関係の起業をしたいという願いが日ごとに強まっていることでしょう。

天使が思い切って行動するようにすすめているとしたら、それは私たちがもっと大きな目的のためにこの世にいて、それをなすのがまさに今であるという理由からです。

天使に、このガイダンスが本物であり、必ずうまくいくというサインをお願いしてください。答えをあせる必要はありません。まず質問して、それから自分の人生を生きればいいのです。天使はあなたにわかるやり方で、必ずサインを示してくれるでしょう。

天使の形をした雲は、彼らがいつでも私たちと一緒にいるという物質的なサインです。愛する人を失ったときのように、いちばん必要なときに空に浮かぶサインが励ましと癒しをもたらしてくれるでしょう。そんな経験についてマージ・ジョーンズが話してくれました。


親友のパットは、57日間入院した後、みずから生命維持装置をはずす決断をしました。彼女の心臓は手の打ちようがないほどに悪化し、医師には心臓移植をしても助かる見込みは少ないと言われたのです。

この恐ろしい知らせを彼女の夫のビルから受け取った日、私は悲しみのあまり取り乱してしまいました。そして、台所の窓からぼんやり空を眺めていると、天使の形をした雲が目に入ったのです。すぐに、パットが亡くなって私に別れを言いに来たのだとわかりました。私の心は穏やかになり、彼女はもっとよい場所にいるのだとはっきり感じました。

ほとんど同じころ、100キロも離れたところに住むパットの妹ジャッキーも、空にかかった虹を見ていました。雨も降っていなかったので、この光景はとても奇妙でした。ジャッキーもまたすぐに、天国に行ったことを知らせるパット流のやり方だとわかったそうです。

お祈りの後ですぐにメッセージを受け取ったり、あまりにも簡単にサインを見たりすると信用できないかもしれません。なぜなら、簡単すぎて神秘的には思えないからです。このような場合、天使は、自分たちが現実に存在し、私たちのそばにいることを示すぴったりのタイミングが訪れるまで待っています。ときには、サインが現れるなどほとんど信じられなくなるまで、何も現れないこともあります。でも、天使のメッセージは、それぞれの人や状況に合わせて調整されると覚えていてください。

天使に話しかけたり、メッセージを聞いたりするのに、特別な才能は必要ありません。ただ信じればいいだけです。そのことをジャネット・ファーガソンも発見しました。

長い間、私は天使とつながりたいと思っていましたが、うまくいきませんでした。毎晩、「天使の時間」を設けて彼らに話しかけ、オラクルカードを使って、手紙を書いて、瞑想して、答えに耳を傾けていたのです。

もし何らかの反応をすぐに受け取っていたら、私はそれを疑って、自分の想像か希望的観測だと思ったことでしょう。私は毎日、ガイダンスや保護やサインを求めて、「天使よ、私はあなたがそばにいるとわかっています。どうか私にサインを示してください」と熱心に祈っていました。

そのとき、私の人生は混乱のさなかにあり、人間関係のトラブル、子どもや両親との不仲、お金のことで苦境に立たされていました。私はどんどん落ち込んでいき、天使にしつこいくらい助けを求め続けました。

天使から何のサインもないまま6週間が過ぎたころ、私は時間を無駄にしているのではないかと思い始めました。ありもしないものにしがみついているのかもしれないと考えたのです。幻想から目が覚めて、信じていた自分の愚かさを感じていました。パートナーからはずっと馬鹿にされていたのですが、彼が正しかったと思い始めたのです。天使なんか存在しないのだと……。

それでもなお心の奥に、天使は実在していると信じる部分が少し残っていました。

２００７年６月、私はロンドンでドリーンのセミナーに参加し、その場にいる全員が間違っているはずはないと思いました。

ある朝、とても早く目が覚めました。私は窓の外を眺めながら真剣に天使に話しかけ、自分の問題や心配や恐れなどすべてを打ち明けました。もっと天使を信じることができるようにお願いし、どんなに天使の助けが必要かを訴えたのです。そして、大天使ミカエルに、天使のガイダンスが見えなかったり聞こえなかったりする障害を取り除いてほしいとお願いしました。

私は、天使が実在し、自分を見守ってくれているというサインを要求しました。天使に「あなたたちが私の話を聞いてくれているという証拠をください。さもなければ、私はあきらめてしまうでしょう」と言いました。

その瞬間、窓の外に驚くべきものが見えたのです。雲の中に、肩から大きな翼の生えた男性の天使がいました。彼は右手に何かを持ち、玉座についていました。雲は巨大で、その間から太陽の光が降り注いでいました。私はすぐにひざまずいて、泣き始めました。涙を流しながら、それが消えてしまうまで、じっと見つめていました。それを見ているうちに、今まで感じたことのない大きな愛に満たされ、これからすべてうまくいくとわかったのです。その雲は、手に剣を持った大天使ミカエルだったと私は信じています。

そのとき以来、天使が私と一緒にいるという小さなサインをたくさん受け取っています。その1つひとつが私に生きる力と目的を与えてくれました。突然、人間関係がスムーズになり、人生もかなりよくなりつつあります。私は安全で、愛され、守られていると感じています。今ではいつでも天使に話しかけていて、彼らは1日たりとも欠かすことなく私のそばにいてくれます。

この本を読んでいて、天使とつながろうとするのはもうやめようと考えている人がいたら、どうかあきらめないでください。天使とつながるには私も長い時間がかかりましたが、それは努力する価値のあるものでした。

あなたは一人ではないというメッセージを受け取れば、とても元気づけられるでしょう。ドーン・シンプソンは、慰めが必要であればあるほど大きな天使の雲が送られてきたと話してくれました。

ある晩、私は友達と一緒にボストンから自宅へと車を走らせていました。夜の11時に、見知らぬ場所を運転するのは心細く感じました。私は不安になって、天使に家まで安全に導いてほしいと頼んだのです。

そのとき、車の上のほうに天使の形をした大きな雲があることに気づきました。友人に教えると、信じられないようでした。私が天使に案内をお願いしたと知って、彼女はとてもワクワクしていました。天使とつながる経験が初めてだったからです。

もしあなたが天使に助けをお願いし、彼らの送ってくるメッセージ（天使の雲のようなサイン）を信じるなら、天使は人生のあらゆる困難の中で、あなたの手をしっかり握っていてくれるでしょう。それはまさに、スー・マッザが経験したことです。

ストレスがたまってくるたび、天使は私に励ましのサインを送ってくれます。たとえば、私のお店での仕事がうまくいかなかったとき、レジに「天使」という文字の書かれたTシャツを着たお客様がやってきました。

別のときには、年配の男性が近づいてきて、「天国にあなたのための場所をとってきます。でも今ではなく、ずっと先のことですが」と言いました。おかしなことを言う人だと思いましたが、ふと空を見上げると、天使の形をした美しいピンク色の雲が見えたのです。その瞬間、その雲は自分が正しい道を歩んでいることを示すサインだとわかりました。

天使の形をした雲に加えて、聖なるガイダンスは、いつもとは違う方向を見たくなったり、旅をしたくなったりするといった衝動をもたらします。このような衝動が起こったら、思い切ってやってみましょう。サンディ・メイヤーが経験したように、天はあなたのために素晴らしいものを用意しているかもしれません。

私は精神世界のワークショップで、自分が最大の恐怖に直面しているとわかりました。そこで神や天使を呼んで、私を助け、支え、導いてくれるようにお願いしたのです。

その日の午後のワークショップで、私は恐怖に対する突破口を見出しました。そして、帰宅するため混雑した道路を渡っていると、何かに左に寄って空を見上げるように促された気がしたのです。見上げた私はショックと驚きで、道路の真ん中で立ちつくしてしまいました。空を指差して口を開きましたが、一言も出ませんでした。やがて自分のものとは思えないような声で、「空を見て……。ハートだわ」とつぶやいたのです。

そこには、大きくて完全なハートが浮かんでいました。まるで飛行機が描いたばかりの雲の文字のようでした。それは神と天使からの、何も心配することはなく、私はとても愛されているというサインだったのです。

これは、私にとって初めての天使体験でした。そのときのことを考えるだけで、今でも愛に満たされた感じがします。


天使は、あなたが特別な存在で、愛されていることを教えてくれます。ジョイ・ローチの話のように、天使と結びつくと素晴らしいことが起こり、奇跡は本当であるとわかるでしょう。


ある朝早く、私は一日のスタートのお祈りをしようとベランダに出ました。空はどんよりしていて、一面に暗い雲が垂れ込めていました。私は祈りを捧げ、大天使を呼びながら自分の周囲に聖霊の白い光を思い描きました。

次に、大天使がそれぞれの異なった色の光線で私のオーラを満たしている様子をイメージしました。すべて終えて目を開くと、私の前に美しい青空が開け、一筋の輝く光が差し込んでいたのです。左右にはまだ暗い雲が残っていましたが、私の頭上だけは完全に晴れて雲ひとつありませんでした。

その瞬間に私が経験した純粋な喜びを表現するのは、今でも不可能です。私は心から大きな恵みを感じ、その素晴らしい感覚は長らく自分の中に残っていました。私は、そんな経験がもっとできるようにと願っています。天使の存在を確認したいからではなく、その経験がもたらしてくれる純粋な喜びのためです。

天使は、亡くなった愛する人からの慰めのメッセージも届けてくれます。これらのメッセージはたいてい、天使の形をした雲、蝶や鳥、個人的に意味のあるシンボルなどのサインとしてやってきます。あなたに心残りな思いがあったり、亡くなった人が幸せかどうか知りたいと思っているなら、心の整理に必要なサインを送ってくださいと天にお願いしましょう。ナンシー・ウッドサイドもそうしました。

父が亡くなった後、私たちは父の遺灰を昔よくキャンプをした人里離れた砂漠にまきました。そこは、色とりどりの丘に囲まれた本当に美しい場所です。

ある日、私は夫と父の眠る場所を訪れました。私は一人で小さな峡谷の奥へと歩いていき、そこで静かに瞑想して父と対話しました。そして、涙を流しながら、父の遺灰を正しい場所にまいたというサインをお願いしました。そして、ふと空を見上げると、峡谷の岩壁の隙間から、２本の飛行機雲が美しい十字の形を作っているのが見えたのです。

さらにまた、魔法のように三日月が現れ、空にまるで大きな笑顔が浮かんでいるようでした。それを見て、自分たちが正しいことをしたと知り、私は微笑みました。

小さなサインで満足できなければ、天使は喜んでもっと大きく目立つサインを送ってくれます。マリア・マリーノは、見間違えようのないサインがほしかったのですが、まさにそんなサインを受け取りました。

私は、双子の息子が神の恵みのある素晴らしい幼稚園に入園できるよう天使にお願いしました。マンハッタンで双子を持つ親なら誰しも、よい幼稚園に入れるには奇跡が必要です。私は天使から辛抱強く待つように導かれましたが、もうほとんどあきらめていました。

天使が助けてくれている証拠として、地面に落ちている羽根をたくさん見つけましたが、息子たちが幼稚園に入れる見込みはまったく立たず、天使は本当に助けてくれているのだろうかと疑い始めていたのです。

ある晩、外に出るように導かれて、それに従うと、空全体に大きくて見過ごすはずのない翼のような雲がありました。それは10分間ほど浮かんでいて、消えてしまいました。

これは、芸術家の天使たちがつくってくれた、間違えようのない完璧なサインでした。私は明確なサインがほしいとお願いしていましたが、それを受け取ったのです！

翌朝、希望していた幼稚園の責任者から電話があり、双子の息子は奇跡的に入園を許可されました。


マリアは、翼のような雲を見たことで安心し、再び信じることができました。羽根は、天がよく送るサインですが、それは私たちが天使の翼と結びつけて考えるからです。

第2章 天使の羽根

羽根を残していくほど、天使にぴったりの名刺代わりのものがあるでしょうか。天使は、この特別なものをとても変わった場所に置いていきます。私たち（ドリーンとチャールズ）は室内の照明器具や自動車の中、一度はエレベーター内で見かけたことがあります。羽根は究極の天使のサインかもしれません。個人的な意見ですが、羽根は、自分の疑問や状況について私たちの考えが正しいことを確認するのに役立ちます。

羽根は大きさも色もさまざまですが、あなたの考えや祈りや疑問に関連しているので素晴らしいサインになりえるのです。何の意味もなく天使の羽根を見つけることはありません。何かについて考えているときに見つけるか、羽根を見つけたときに何かとの関連性にすぐ気づくかのどちらかです。

羽根に関する数々のお話は、天使が私たちに自分の考えや直感を信じてほしいと願っていることを表しています。まずはザンティア・ヘイズのお話を紹介しましょう。彼女は羽根が、宇宙を信じてすべてゆだねなさいというサインであるとわかりました。

私は、生まれて初めての新車を買ったばかりで、事故を起こさないようにビクビクしていました。というのも、経済的に修理代を払えるような状態ではなかったからです。そこで私は毎朝、私の車と同乗者を守ってくれるようにお祈りしました。

ある朝、職場へと運転しながらいつになくイライラしていたとき、シャツの袖口に何かがついているのに気づいたのです。それは1枚の真っ白な羽根で、見た瞬間に愛の波が打ち寄せてくるような感じがしました。そして、自分がいつも見守られ、一人ではないことを思い出したのです。

普通に考えれば、出勤前に羽根が付着することなどありえません。羽根枕を使っているわけでも、鳥を飼っているわけでもないのですから。裏庭にも、車内にも、羽根が落ちるような理由はまったくありませんでした。

もし孤独感や疎外感を感じているなら、天使がそばにいるという励ましのサインがほしいとお願いしてください。おそらくエリザベス・ラフォンテーヌのように、羽根が送られてくることでしょう。

生まれてからずっと同じ町で暮らしてきましたが、最近になって新しい町へ引っ越しました。ちょうど高校に入学したばかりの私には、特に大変な出来事でした。慣れ親しんだものすべてから突然、引き離されてしまったのですから。おまけに、祖父が入院して、その年の11月に亡くなりました。私にとって祖父の存在はとても大きく、その喪失感は計り知れないものでした。しかも、新しい環境に適応しようと努力している最中だったので、その衝撃はいっそう大きかったのです。

そんなとき、祖父のことを考えるたびに羽根を見つけるようになりました。特に、寂しくて自信を失いかけたときにです。羽根は、私が外出するときに玄関に落ちていたり、散歩中に道端で見つけたりしました。羽根を見つけるたびに笑みが浮かび、心が温かくなって、すべて大丈夫だと思えました。

私は安心し、安全と幸せを感じました。そして、祖父も幸せで、すべてがうまくいくとわかったのです。
「天使とおじいちゃん、ありがとう！」

エリザベスが一人ぼっちでないとわかったように、あなたも一人ではありません。あなたには、いつも愛情深く守ってくれるガーディアン・エンジェルがついています。天使の存在を感じるのが難しければ、はっきりした天のサインを送ってくれるようにお願いしてください。キャサリン・スクーネンの心温まるお話を読めば、子どもは天使と羽根を自然に結びつけていることがわかるでしょう。

数ヶ月前、9歳の息子エズラの運動会が、わが家の裏にある公園で行われました。運動会の後で、エズラは美しい大きな白い羽根を見つけましたが、よほど大切なものだと思ったらしく、家に持ち帰り、寝室にしまっていました。

翌日、彼が友人宅でランチを食べていたとき、友人の母親が天使のオラクルカードを1枚引いてみるように言ったのです。エズラは集中して1枚引きました。そのカードには、「白い羽根を見つけたら、それは天使がそばにいるということです」と書かれていました。

エズラは、このメッセージを受け取って喜びました。家に帰ると早速、ベッドの上に白い羽根を置いて眺めたのです。しばらくして、私たちの愛する老犬ペレが天に召されました。葬儀のとき、エズラと私は愛犬と一緒に大切な白い羽根を埋めました。

エズラは、天使がいつもそばにいるしるしとして、愛犬に羽根をプレゼントしたのです。天使とつながろうとするとき、いちばん大切なのは、子どものような信じる心や驚く心を持つことです。私たちは、天使や自分を信じることからだけでなく、子どもたちからもたくさんのことを学べるのです。

次に紹介するカルメン・カリニャンのように、あなたに疑いの気持ちがあるなら、サインがやってきていないかよく気をつけたほうがよいでしょう。

私が戸惑ったり、不安になったりすると、正しい道にいることを知らせようと、天使が安心させるサインを送ってくれます。２年前もそうでした。

私は看護師で、地元の小さな病院の分娩室で働いていました。この病院は、自然分娩を推奨していることで知られており、私たちは水中出産の先駆者になりました。水中出産は麻酔を使う必要もなく、とても優しい出産法です。

けれど、医学の世界では一般的にデータにもとづく実践が重んじられていて、まだあまり研究がなされていない水中出産は、「実験的で潜在的危険性がある」とみなされていたのです。そこで、私たちのチームは、水中出産の安全性を示すために、自分たちで研究することにしました。そうすれば、その結果を医学誌で発表し、全米の講演会で紹介できると考えました。

その手順を話し合いながら、自分たちがいかに大きなプロジェクトに取りかかろうとしているのかがようやく理解できました。すでに二人のメンバーが脱落し、研究は予想以上に大変なものとなりそうでした。研究書や論文が山積みされた大きな会議テーブルの前に座り、私たちは研究を進めるかどうか考えあぐねていました。

そのとき、天井から１枚の小さな白い羽根がゆっくりと落ちてきて、たくさんの本の真ん中に着地したのです。この光景をもう一人のメンバーも見ていました。羽根を見た瞬間、私はぞくっとして、研究を続けるべきだとわかったのです。天使が最初から最後までずっと導いてくれるに違いありませんから。

約2年かけて統計データを集め、プロジェクトの第一段階が完了しました。私たちは学会で2回ほど発表を依頼されました。次は医学専門誌で発表することになるでしょう。あの日、天使が小さな羽根を送ってくれ、研究を続ける勇気を与えてくれたことは一生忘れません。私はいまだに畏敬の念を持ち、彼らの優しいガイダンスに感謝しています。

天使があなたや他のすべての人を助けてくれるとわかれば、誰もが安心することでしょう。カレン・フォーレストが天使の存在を示すサインをお願いすると、答えはすぐにやってきました。

私は夫のウェインと、ロンドンとパリへの11日間の旅をしました。旅の最中、私はいつもやっている瞑想や天使のカードを引くといったことをしばらく休んでいるのに気づきました。海外を旅しているときにも天使がそばにいてくれると知りたかったので、ロンドンのナショナル・ギャラリーを訪ねたときに、こう言って天使を呼び出しました。

「私のガーディアン・エンジェルよ、あなたがいつもそばにいてくれるとわかっていますが、あなたの存在を感じたいのです。私のそばにいるというサインをもらえませんか？」

そして美術館の中を歩いていると、大天使ミカエルの大きな絵画が２枚もありました。ミカエルは私がいちばんよくお願いしている天使なので、私にとって重要な意味を持ち、すぐに全身に温かい愛が広がるのを感じました。さらに数分後、足元に白い羽根が１枚落ちているのを見つけたのです。私はガーディアン・エンジェルの存在を確かに感じました。

翌日、バースの町を見学していると、私の前に１枚の大きな白い羽根が落ちてきました。頭上に鳥など１羽もいなかったのにです。その日だけで、少なくとも白い羽根を３回以上見つけました（別の美術館内で見つけたものもあります）。

私の夫でさえ、この現象を不思議に思い、「どうしてこんなにたくさん白い羽根が落ちているのだろう」と言ったくらいです。

笑いながら、天使がそばにいるサインをお願いしたと説明すると、私がいかに天使とのつながりを大切にしているかを知って、夫は優しく微笑みました。白い羽根を拾うたびに私の心は落ち着き、愛されていることを実感できたのです。

これらのサインのおかげで、天との結びつきをさらに強く感じられるようになりました。世界中どこにいようとも、天使はいつも私のそばにいてくれるのです。

天使はあなたの自由意思を尊重するので、たいていはあなたから天使にサインをお願いしなければなりません。お願いの仕方は、助けや慰めがほしいという簡単なもので大丈夫です。アイリーン・クシュナーも経験したことですが、どんなやり方で助けをお願いしようとも、天使は驚くべき方法で応えてくれるでしょう。

母は父の死後、とても寂しがっていました。あるとき、簡単な手術を受けることになりましたが、あまり病気をしたことのない母は手術についてとても心配していました。母の病院は隅々まで滅菌消毒され、いつもぴかぴかに清掃されていました。ところが、私が母の病室を訪ねると、入口のところに真っ白な羽根が落ちていたのです。病院内で大きな羽根を見つけることなどありえるのでしょうか。すぐに、父がそばにいて母を見守っているのだとわかりました。

私が病室に入るやいなや、母は不安を訴え、父にそばにいてほしいと言いました。そこで母に白い羽根を手渡し、一人ではないと話しました。

天使とアイリーンの父は、その意味について疑問の余地もないやり方で羽根を送り届けました。天使や亡くなった人は自分の存在を示したいと思っていて、それは素晴らしいタイミングで行われます。彼らのエネルギーはつねに存在していますが、彼らにサインをお願いすることで愛する人をもっと身近に感じられるでしょう。シェリー・クラウスもそんなお願いをしました。

ある日、とても落ち込んでいた私は、天使に初恋の人からのサインをお願いしました。彼は前の年に自殺したのですが、そんなふうに突然逝ってしまったことが悲しくてならなかったのです。彼が私の話を聞いてくれているなら、その証拠に羽根を送ってほしいとお願いしました。

その日の朝早く、造園会社が庭の芝生に大きな穴を掘っていったので、私はシャベルを手にし、その穴を埋める作業に取りかかりました。すると、作業中にとても美しい羽根を見つけたのです。私はとても幸せになりましたが、疑いの気持ちもあったので、羽根をもう1枚お願いしました。穴を埋めてシャベルを片づけようと振り向くと、足元に2枚目の羽根が落ちていました。それでもまだ疑いは消えませんでした。なぜなら、庭にはたくさんの鳥がいたからです。

私はしつこさをわびながら、もう1枚だけ羽根をお願いしました。私が台所のほうへ歩いていくと、カウンターの上に、なんと羽根が1枚載っていたのです。私は喜びから泣きだしてしまいました。家の中に羽根が落ちているはずがありません。私はついに疑うのをやめ、サインを受け入れたのです。そしてようやく、他の羽根もすべて天からのものだと認めました。

羽根が1枚だけでは、天使の思惑通りの愛にあふれた衝撃を与えられないかもしれません。証拠がたくさん必要なら、羽根がシャワーのように降ってきても驚かないでください。これはジーナ・カンネラに起こったことです。

私は離婚手続きのただなかにいて、人生最悪の冬を過ごしていました。その年のシアトルは暗くじめじめした天候が続き、いっそう落ち込みました。一晩中、涙を流し、枕に向かって叫び、それから少しうとうとして出勤しようと車へ向かいました。すると、私の古いポンコツ車が何百という白い小さな羽根に覆われていたのです。

天使について多少は学んでいたので、希望や喜びを感じて涙があふれてきました。羽根は車を覆っていましたが、地面には1枚も落ちていませんでした。

すべてうまくいき、自分は愛され、大切にされていると知って、私は泣きだしてしまいました。車から何枚かの羽根を拾ってビニール袋に入れ、玄関に置いておきました。

その夜、仕事から戻ると、羽根の入った袋は消えていました。当時は人里離れた場所に住んでいたので、来訪者はめったにありません。誰かが来たとしても、袋に入った羽根を気にかけることはなかったでしょう。

天使は、あなたの信じる程度に合わせて羽根などのサインを与えてくれます。彼らは、あなたがサインとして与えられたものを確かに天からのメッセージだと信じられるようにしてくれるのです。シェリーの場合もそうでした。

何週間にもわたり、私は疲れ果て、ひどく落ち込んでいました。人生が投げてくるものにもはや対処できないように思えました。助けをお願いしたガーディアン・エンジェルを含め、誰も自分のことなど気にかけていないように思えました。私は、天使が見守ってくれているのかどうかを本当に知りたかったのです。

ある日、パートナーとテレビを見ていると、突然、上を見たい衝動に駆られました。すると、天井からひらひらと小さな白い羽根が落ちてくるではありませんか。手を差し伸べると、それはゆっくり私の手のひらに着地しました。

「見て、見て！　これは、サインよ。ずっと私が待っていたものだわ」と叫びました。

この羽根の出現については何の説明もいりませんでした。パートナーは天使を信じる人ではありませんでしたが、この出来事にはショックを受けていたようです。

それ以来、私はまったく疑っていません。天使はいつも私と一緒にいて、どこに行こうと私を見守ってくれています。

人生に大きな変化を起こしたいという衝動に駆られている人は、それが正しいかどうか心配かもしれません。そんな場合には、天に導かれていることを確認するために天使にサインをお願いするといいでしょう。ニキ・リーチもそれを経験しています。

ある朝、車で職場へ向かいながら、現在の勤務時間を減らして自分が望む起業の準備を進めるべきか悩んでいました。数分後に高速道路に入ると、突然、たくさんの羽根に囲まれたのです。それは車の周りをくるくる回っていました。前の車が鳥とぶつかったのだろうかと思いましたが、衝突を示すようなものは何もありませんでした。通り過ぎてからバックミラーで後ろを見ると、羽根は跡形もなく消えていました。

職場につくと、車に真っ白な羽根がついているのに気づきました。私は、起業の計画を進めなさい、というサインに違いないと受け取ったのです。

羽根を見つけたら、天使にその意味を尋ねましょう。その答えは、最初に浮かんだ考えや感情です。

それでもなお確認が必要なら、天使に何度でもお願いしてください。彼らは、根気強くサインを送ってくれるはずです。

メアリー・クリーチが経験したように、羽根などのサインは、あなたが一人ではなく、これからも一人きりにはならないと知る助けになるでしょう。

私の兄は58歳のときにガンで亡くなりましたが、これほどつらい経験はありませんでした。私は、兄の死にまったく心の準備ができていなかったのです。ホスピスのソーシャル・ワーカーの仕事をしていましたが、それは何の役にも立ちませんでした。私たちは年がら年中角《つの》つきあわせながらも親しい関係だったのです。虐待のある家庭で育ち、兄はいつも私を守ってくれました。保護者のような兄を失うのがこんなにつらいこととは思いもしませんでした。

彼の死後、私は海に行ってゆっくり休み、思い切り悲しみたいと思いました。そこへのドライブ中、私はネイティブアメリカンのヒーラーに出会ったのです。彼は、「忘れないでください。もし羽根を見つけたら、それは向こうの世界からの挨拶で、あなたが一人ではないことを知らせようとしているのですよ」と教えてくれました。

1日目、涙にくれながら海辺を歩いていると、水面に1枚の白い羽根が浮かんでいるのを見つけました。私はすぐに兄の存在を感じ、安らいだ気がしたのです。

フロリダの海辺を30年間歩いていますが、海に白い羽根が浮いているところなど目にしたこともありません。それからの３日間で、私は５枚もの羽根を見つけました。これは確かに、兄が今もそばにいて守ってくれているサインでした。きっと、『やあ、弱虫さん』と声をかけてくれているのでしょう。

以来、家の玄関や庭に止めた車のそばで、あるいは兄との思い出がある場所で、羽根を見つけるようになったのです。このようにして、兄との愛は決して終わることはなく、必要ならいつでも愛する人がそばにいるというサインを受け取れるのだとわかりました。

あなたにとって悲しみを癒す最良のカウンセリングは、サインの形でやってくるかもしれません。結局、私たちは誰もが、すべてがうまくいくと知らせてほしいのではないでしょうか。デニース・ドーフマンは、私たちが正しい道にいるという確証は祈りによって受け取れるということを話してくれました。

私はつらい時期を過ごしていました。大学院卒業を前にして仕事を探していたのです。どんな仕事でもいいというわけではなく、自分の能力を最大限に生かせる仕事につきたいと思っていました。私は天使のオラクルカードを使って、天国とひんぱんにコミュニケーションしていました。

ある日、アパートの近くを歩いていると、道端で1枚の羽根を見つけました。私は、天使からのポジティブなサインとして受け取り、心の中でこうつぶやいたのです。「もし何枚もの羽根を見つけられたら、どんなに素晴らしいでしょう。そうしたら本当に天使がそばにいるとわかるでしょうに」

案の定、私がアパートの西側に行くと、羽根が2枚あり、それから4枚、さらに8枚、結局16枚の羽根を見つけました。こんなことがその付近を歩くたびに起こったのです。私はこれを神からの尽きることのない豊かさのサインとして受け取りました。さらに、天使のオラクルカードで、2007年6月に就職できると言われ、その通りになりました。すべてがうまくいき、今でも私は天使がいつもそばにいるサインを受け取っています。

天からのサインは、私たちを励まし、つらい時期にも前に進めるように助けてくれます。これまで見てきたように、サインは、悲嘆にくれ、喪失感を乗り越えようと苦しむ心を慰めてくれるでしょう。天使は、今も愛が存続しているという慰めのサインや確証をもたらしてくれます。私たちとペットとの関係はとても強いものなので、天使が愛するペットを失った人たちを哀れみ深くお世話するのは当然のことです。メアリー・シュクスネイダーのお話を紹介しましょう。

老いた愛犬のコッカー・スパニエルは、歩くのも困難になっていました。獣医師からは、腫瘍が脊髄を圧迫しているので、やがてはマヒ状態になると言われました。実際にそうなり、いよいよ家での最後の夜というとき、私は一晩中寝ずにそばにいたのです。

彼女は、自分の状態をよくわかっているようでした。私がどんなに愛しているかをささやき、骨付き肉を与えると、それを長い間楽しんでいました。朝になって、私は彼女を獣医師のところへ連れていきました。そして、安楽死の書類にサインし、穏やかな死を迎えられるようにしてもらいました。

その晩、私は看護師として勤務する病院に出かけました。夜勤明けの翌朝、私は心身ともに疲れ切り、駐車場を歩きながら悲しみに暮れていました。自分の車にたどりつくと、運転席と助手席の窓に鳩の羽根がついているのを見つけて驚いたのです。

両隣の車を見てみましたが、羽根など1枚もありませんでした。すぐに、愛犬は大丈夫だというメッセージだとわかりました。

天使の大切な目的は、地上に平和をもたらし、人々の心に安らぎを与えることです。その目的のために、彼らは人生におけるあらゆる問題を大小問わずに助けてくれます。天使は、小さなストレスが蓄積していけば、やがて私たちの内なる平和が失われることを知っています。ですから、私たちにサインを送って、道を指し示してくれるのです。それは、カレン・バーネットのお話からも明らかです。

買い物を終えると、娘のアリーシャを幼稚園に迎えにいくのにちょうどいい時間でした。私が車を出そうとすると、ハンドブレーキがロックされて動かないことに気づいたのです。緊急対応サービスに連絡しましたが、修理の車が到着するまで40分ほどかかると言われました。私はあわてました。というのも、30分以内にアリーシャを迎えにいかねばならず、幼稚園まで10分はかかるからです。

すぐに私は、天使に助けをお願いしました。「どうぞ、アリーシャを時間通りに迎えにいけるように助けてください」と何度も祈りました。すると、修理の車にすぐに見つけてもらえるように、私は駐車場の入口に立っていました。すると、ふわふわと1枚の白い羽根が舞ってきて、私の近くに落ちたのです。天使からの励ましのサインだと思い、とても感謝しました。

そのとき、緊急対応サービスの会社からメールが届き、もっと早く到着できる地元の会社に依頼したと書いてありました。少しほっとしましたが、もう一度、時間通りにアリーシャを迎えにいけるように天使に別のサインをお願いしたのです。目を上げると、側面に大きな白い羽根の描かれた大型トラックが通り過ぎました。5分後、地元の会社の修理車が到着し、すぐにハンドブレーキを解除してくれました。私は彼と天使に感謝しました。

結局、幼稚園には5分前に着きました。大きな白い羽根のトラックですが、今日に至るまでそのようなロゴの会社は見つかっていません。そのトラックには羽根以外の何も描かれていなかったのです。

天使は、羽根やコインのようなもの、あるいは蝶や鳥や花などの生き物をサインとして送ってきます。

第3章 音楽のサイン

最近、科学者は、地球が宇宙へ倍音《ばいおん》（基本となる音の倍の周波数を持った音）を放っていることを発見しました。この音は人間の耳には聞こえませんが、私たちの調和のしるしで、地球上のあらゆる動きや活動から生まれています。波や地震動、雷などの激しい気象現象はすべて交響楽団が奏でる音楽のようなものです。

ですから、人間が音楽をつくったり、聴いたりすることが大好きなのは驚くことではありません。私たちには生まれつきリズム感があるので、音楽は、私たちの心をとらえる最も簡単な方法なのです。

天使は、音楽の響きや力を利用して、メッセージを送ってくることがよくあります。私たちのいるあらゆる場所で、さまざまな音楽が聞こえているはずです。でも、音楽が鳴っているのが当たり前すぎて、それがサインであることに気づいてさえいません。音楽は、私たちが過去の出来事や人々、場所の記憶やイメージを思い出す引き金となります。特に、繰り返し聞こえる歌（もしくは、テーマが同じ歌）は、たいていが天からのサインなので注意しましょう。

ナタリー・アトキンソンが話してくれたように、私たちの周りに天使がいることを教えようとして音楽が用いられることもあります。

同じ学校のデイビッドから、天使を信じているかと尋ねられました。そんなことは考えたこともないと答えると、謎めかしたように、「すぐに天使を知るようになるよ」と言ったのです。私は少し戸惑いながらも、興味がわいてきました。

その日、家に帰る途中、過去に自分が正しいと信じていたことが思い違いだった経験について考えていました。もしかすると、天使を信じられないことも同じかもしれないと思ったのです。

翌朝、学校へと車を走らせていると、カーラジオから天使の歌が流れてきました。「天使よ、もし本当にいるなら、今日、私にきちんとしたサインを見せてください。あいまいなものではなく、天使がそばにいるという確かなサインをお願いします」と私は心の中で言いました。

私は音楽が好きですが、その歌にはすぐに飽きてしまい、歌の途中でチャンネルを変えました。驚いたことに、そこでも天使の歌がかかっていたのです。今度は『Angels Brought Me Here（天使に導かれて）』という曲でした。さすがに奇妙な感じがして、さらにチャンネルを変えてみたところ、立て続けに天使の歌が聞こえてきました。こんなことは普通では考えられないでしょう。2曲目の歌の途中でもう一度チャンネルを変えましたが、予想通り、また天使の歌でした。

ショックと驚きから、私は車を道路わきに停めて、その場で天使の存在を受け入れたのです。彼らはいつも私とともにいましたが、やっと彼らの存在を認めることができました。

ナタリーにとって、デイビッドは天使の役割を果たし、彼女が天のヘルパーや音楽のサインに気づけるように助けてくれました。あなたの天使も、間違いなく音楽を通して話しかけていることでしょう。

もし、ある歌に重要な意味があると思ったり、そう感じたりしたら、それは本当なのです。音楽によって記憶や知識が呼び起こされたら、最初に心に浮かんだものを信じることが大切です。それはジェニファー・ボンク夫妻が発見したことでした。

私たち家族が休暇から戻るとき、とんでもない悪天候にぶつかりました。夫のジェームズが運転し、娘のガブリエラ・グレースとアンジェリーナ・フェイスは後部座席で寝ていました。大降りになった雨がフロントガラスに激しくたたきつける中、私は天使と妖精を呼んだのです。

祈りが終わると、すぐに雨は小降りになり、やがてやんでしまいました。でも、数分後にもっと大きなサインが現れたのです。どしゃ降りの雨で、私たちはガソリンスタンドを見逃してしまいました。ペンシルベニア州の有料道路には、ガソリンスタンドが80キロごとにしかありません。ところが、車のガソリンタンクはあと58キロで空になるという警告音を鳴らし始めていたのです。

夫は心配し始め、私はすぐに祈りました。なぜなら、たった今、雨で助けてもらったからです。天使に車の周りを取り囲んでもらい、安全にガソリンスタンドまで到着できるようお願いしました。その直後、ウォレントの歌がラジオから流れてきて、そのタイトルが私の注意を引いたのです。それは、『Heaven Isn't Too Far Away（天国はすぐそばにある）』という歌でした。

私は夫に、すべてうまくいき、次のガソリンスタンドまで十分に間に合うと言いました。音楽のおかげでそれがわかったと説明すると、夫には笑われました。でも、その後の歌を聞いて、彼も納得したのです。その曲は、ガンズ・アンド・ローゼズの『天国への扉』でした。

ハードロック専門のラジオ局で、天国の歌が２曲も連続してかかるなんて信じられません。天使は確かに私を落ち着かせる方法を知っていました。私たちは次のガソリンスタンドに、９・６キロ分のガソリンが残った状態で無事に到着したのです。夫と私は、心から何度も天使に感謝しました。

ナタリーは天使を信じていましたが、天使の存在を受け入れるための確証が必要でした。彼女の経験は感動的なものでしたが、これは特別なものでも、一生に一度しかないようなものでもありません。天使は、求めるすべての人にみずからの存在を見せたり、その裏づ

けをしてくれます。お願いの仕方は正式なものである必要はなく、助けを求める簡単なもので十分です。助けがほしいと考えるだけでも大丈夫です。

大きな決断をするために、あなたが天使のガイダンスを必要としているとわかれば、天使はあなたが正しい道にいられるように助けを差し伸べてくれるでしょう。シェリーは、天使がいつも見守ってくれていて、彼らの助けは神のタイミングでやってくると話しています。

婚約者が仕事について話すたびに、私はなぜかうろたえていました。自分の動揺の原因がわからなかったので、悪いものはすべて表に出してくださいと神様にお願いしました。その直後、婚約者の携帯をチェックしたいという衝動に駆られたのです。そして、チェックしてみると、女性のなまめかしい声が聞こえてきました。

婚約者にそれを突きつけると、彼女は単なる同僚で、彼に気があり、職場で彼の電話番号を手に入れたのだと弁解しました。電話をしないように頼んでも、メッセージを残すと言うのです。私には彼の話が信じられませんでした。結局、関係を終わりにして婚約指輪を返すことにしましたが、二人とも涙を流して泣いてしまいました。

翌日、私は深く傷つき、落ち込んで、二人で将来の家庭について話したことなどを思い出していました。そして、自分の気持ちを神に伝えていたときに、あるイメージが心に浮かんだのです。それは、二人が1つの道を歩んでいて、私だけが方向を変えて別の道を行こうとしているものでした。うしろを見ると、彼が振り返って私を見ていました。彼の行く先には私たちの子どもや素晴らしい家がありました。その瞬間、私はこれから生まれてくる子どもの存在を確かに感じたのです。彼らの一人が、「お母さん、どこに行くの？」と尋ねる声が聞こえました。

このイメージのおかげで、婚約者への気持ちがやわらぎました。ラジオをつけると、『Listen to Your Heart（自分の心に耳を傾けよう）』という歌が流れていました。この歌詞は、別れを告げる前に自分の心に耳を傾けよう、という内容です。私は神に、真実を示してくれるように、そして、自分はどうすべきかのサインがほしいとお願いし続けました。すると、ほとんど毎日のように同じ歌が聞こえてきたのです。

このガイダンスを受け取って、私は婚約者と仲直りしました。同僚のメッセージについて彼が言っていたことは真実だったとわかりました。

今日、私たちは幸せな結婚生活を送っており、天使のような男の子にも恵まれました。

神は、夫に新しい仕事という祝福を与えてくれ、そのおかげでたくさんのお金と幸福がもたらされたのです。私が別の道へ進んでいたら失ってしまうものをはっきり見せてくれたことに対し、神と天使に感謝しています。

この歌は私にとって大切なものなので、息子が私の誕生日に何がほしいかと尋ねてくれたとき、その歌のCDをお願いしました。それをプレゼントしてくれた半年後、息子は水難事故で亡くなりました。直後から、その歌を聞くたびに息子のことを考えているのに気づいたのです。私は、歌を通して息子が声をかけているのだと思いました。私が彼のことを考えたり、しばらくこの歌を聞いていないと思ったりしていると、必ず聞こえてくるのです。たとえば、車の中でラジオを低くかけていて、ボリュームを上げた途端、その歌が聞こえてきます。そうすると笑みが浮かび、息子が私に話しかけているのを感じます。

最近参加したヨガのワークショップでも、その歌が聞こえました。まるで息子がいつも一緒にいるよと話しかけてくれているようです。

肉体は滅びますが、あなたと愛する人を結ぶエネルギーは永遠に存在し、あなたが心を

開いている限り、いつでも感じられるでしょう。音楽は非物質的なものなので、地上と天国との間に橋をかけられるのです。シェリー・ピッチャーが経験したように、亡くなった愛する人のことを思い出す歌が聞こえたら、それは天から送られたサインです。

母が亡くなった後の感謝祭に家族みんなで食事をしていたとき、私は母の存在を感じていました。全員が帰ってから、食器類を夜遅くまで片づけていると、突然、音楽が聞こえてきたのです。私は手を止めて、耳を傾けました。以前、聞いたことのある曲でしたが、それが何であるか思い出せませんでした。

しばらくして、数年前の母の誕生日にプレゼントしたティーカップ型のオルゴールだとわかりました。その曲はスティービー・ワンダーの『心の愛』でした。私は泣きながらティーカップを手に取り、「お母さん、愛しているわ」とささやいたのです。

このことを家族に話しても、誰一人として信じませんでした。ですから、音楽を鳴らすには、ティーカップの底にあるボタンを押さなければならないと説明しました。その日、私はそれを押すどころか、ティーカップに近づきさえしていないのです。

以来、私はたくさんのサインを受け取りました。母がいつも私のそばにいると知って毎日感謝しています。
「お母さん、私を愛してくれているのね」

音楽そのものが、いつも主役というわけではありません。楽団や音楽家がサインと関係することもあります。これらのサインの意味も、ラジオからやってくるサインとあまり変わりませんが、音楽のメッセージがいろいろな形でやってくることを覚えていたほうがいいでしょう。

誰の姿もないのに、天の音楽が聞こえることもあります。多くの人はこの音楽を目覚めのときに耳にします。そのときは心がリラックスして、開かれた状態になっているからです。カレン・アンダーソンもそのような経験をしました。

誕生日の朝、私は天国のコーラスが歌う「ハッピーバースデー」の歌で目が覚めました。最初は、1階にいる息子が歌っているのだろうと思いました。でも、時計を見て、息子が起きるには早すぎると気づいたのです。

私はベッドに横になったまま、自分が耳にしているものにドキドキしていました。それから、その声が天使なのか、亡くなった両親なのか知りたくなったのです。

私は心の中で、「本当に天から誕生日の祝福を受け取ったなら、どうぞそのサインを送ってください」とお願いしました。

そしてベッドから起きて新聞を取りにいくことにしました。家の中が静かなうちにゆっくり新聞を読みたかったのです。玄関の戸を開けると、ポーチには赤いサテンのリボンがついた1本の赤いバラがありました。それを見てうれしさが込み上げ、「この花はサインに違いないわ」と思いました。

後で尋ねてみたところ、夫も息子も花のことは知りませんでした。思った通り、それは天が私の誕生日を祝ってくれた特別なサインだったのです。


カレンは、絶え間なく流れる宇宙と天使たちの音楽を耳にしました。彼女の意識は目覚めたばかりだったので、別の次元へと入り込むことができたのでしょう。けれど、彼女はそのことを意識的に覚えていました。

天と結びつけるだけでなく、音楽は直接的なメッセージやサインを送り届けます。たとえば、あなたが繰り返し耳にする歌のタイトルや歌詞は天使からの特別なガイダンスです。

数年前、私（ドリーン）が、食べ物や食欲に関する次作のタイトルについてガイダンスをお願いしたところ、K・D・ラングの『コンスタント・クレイビング』という歌が繰り返し聞こえました。4回目に耳にしたときには、それを本のタイトルにしようと決めたのです。

同じように、イレーネ・フェルナーがタヒチ旅行に行くかどうかのガイダンスを必要としていたときに、天使は音楽を使ってサポートとメッセージを与えました。

3年前、ドリーン・バーチューとジェームズ・ヴァン・プラークのワークショップを兼ねたタヒチ・クルーズに参加すると決めて、私はとてもうきうきしていました。でも、そんな大金を使ってよいのだろうかという不安も少しあったのです。私は背中を押してほしいがために、メッセージを送ってほしいとお願いしました。つまり、このクルーズに行くことが正しい選択かどうかです。

その翌日、帰宅時に電車から降りると、ドラムの音が聞えました。最初に心に浮かんだのは、タヒチのドラムです。地下道へ入っていくと、ドラマーの姿が見えました。私の記憶では、これまで一度も見たことのない人でした。

旅に出発するまで、そのドラマーは少なくとも1日おきにそこにいました。でも、私がクルーズから戻り（今まででいちばん素晴らしい旅でした）、仕事に復帰したときには、ドラマーの姿はもうありませんでした。私がドラマーがサインであったという確証がほしいと頼み、また会いたいとお願いすると、驚くなかれ、まさにその翌日、再び彼が現れたのです。でも、その日以来、一度も目にしたことはありません。これがサインでなければ、一体何だというのでしょう！

あなたが宇宙にお願いをすると、いかにたくさんの天使があなたの思いを聞いているかに驚くことでしょう。そこには亡くなった愛する人も含まれます。彼らは、あなたのそばにいるサインや確証を喜んで与えてくれるでしょう。キャシー・ジョンソンは、答えを得たければ質問をしてサインをお願いするだけでいい、とわかりました。彼女のお話に、あなたは感動するはずです。

母が亡くなってまもないころのことです。私は買い物をすませて、車で帰宅する途中でした。心の中では、母とのつながりを保つために毎朝どの歌を歌おうかと考えていました。母は音楽を愛し、歌うのが大好きで、私の声が美しいといつもほめてくれたのです。ですから、毎朝起きたらまず歌おうと決心しましたが、どの曲を歌うか決めあぐねていました。

ちょうどそのとき、ラジオから『The Mother Song（母からのメッセージ）』という曲が聞こえてきました。その歌詞をわかりやすく言えば、「あなたには私が感じられません。あなたには私が聞こえません。でも、あなたは決して一人ではありません」というもので、自分が死ぬ前に子どもを慰めようとする母親の言葉でした。それは、母が亡くなってから、私がまさに聞きたいと思っていたことだったのです。この歌を聞いたのは初めてでした。

1年くらいしてから、亡くなった人はいつもそばにいてメッセージを伝えようとしている、という内容の本を読みました。そのとき私は、すぐにこう思ったのです。

「お母さん、もう長いことサインを見てないわ。もう一度送ってくれないかしら」

翌朝、またラジオから『The Mother Song』が流れてきました。聞くのは二度目でしたが、その後は一度も耳にしていません。

母からの歌だとわかるように、天使は二度も聞かせてくれたのでしょう。

一度メッセージが受け取られれば、天使はもう送り続けることはありません。でも、キャシーに母の永遠の愛を再確認する必要があるときには間違いなくまた、『The Mother Song』が聞こえてくることでしょう。

天使はいつもそこにいて、すべてがうまくいくと確信させてくれます。あなたは孤立感や無力感を抱いているかもしれませんが、決して一人ではないことを忘れてはいけません。アリソン・リントンヒのように、天使が本当に必要なときには助けやサインを頼んでください。

4番目の子を身ごもって7ヶ月目のときに、夫のコリンがガンで亡くなりました。生前、彼に、「出産のときにはそばにいてくれないと心細い」と言ったことがありました。すると彼は、「お産のときは必ずずっとそばにいるから」と約束してくれたのです。

出産予定日から1週間たち、夜中に産気づくかもしれないという感じが急にしました。そこで、シャワーを浴びて準備を整えると、コリンに言ったのです。

「もし今日赤ちゃんが生まれるなら、必ず一緒にいてね、だって約束したでしょう」

私がバスルームから出てくると子守唄が聞こえましたが、どこから流れてくるのかわかりませんでした。そして、音の出どころを探すと、もう4年も食器棚に入れっぱなしにしていた乳児用の照明器具から流れていました。それはねじ巻き式でしたが、なんと自然に鳴りだしたのです。

その瞬間、コリンがそばにいて、私は一人ではないとわかりました。翌朝、元気な女の子を産みましたが、お産の最中、ずっと夫の励ます声が聞こえていました。それ以来、神や天使やコリンがいつも見守ってくれていることを少しも疑っていません。

どのようなサインを送るにしても、天使はメッセージや愛やサポートを伝えるために最善の方法を選びます。音楽は障害になるものをうまくかわして、あなたの心を開くことができます。ですから、音楽は天のお気に入りのサインなのです。

第4章 天国からのコイン

宇宙は神秘的な働きをしますが、天使も例外ではありません。その豊かな想像力を駆使して、天使はあなたがすぐにはサインとは気づかないような出来事をもたらすことがあります。それはかなり複雑なものですが、決まったパターンがまったくないというわけではありません。この章では、そのうちの1つについてお話しします。

コインや紙幣は、あなたにメッセージやガイダンスを伝えるために天使がよく用いるものです。そして、コインを見つけた時間や場所、コインに書かれたメッセージやその素材などが、あなたと特別なつながりを持っています。

この章では、日常生活でコインや紙幣を目にする状況がさまざまあるように、その意味もいろいろであるというお話を紹介します。最初は、メリッサ・パターソンのお話ですが、彼女は必ず確証となるものがほしいと天使にお願いしました。

私はクリスマスイブに一人ぼっちで、天使の本を読みながらウォーキングマシンで運動をしていました。10セント硬貨を何度も見つけて、それが天からのサインと知った人の話が紹介されており、「天使からのサインがほしければ、お願いするだけでいい」と書かれていました。そこで私は、天使がいつも一緒にいるサインがほしいとお願いしてみたのです。

ウォーキングマシンでの運動を終えて、マガジンラックに本を置こうとしたとき、驚いたことに目の前に10セント硬貨がありました！

うれし涙が頬を伝い、私は辺りを見回しながら心の中でつぶやいたのです。

「あなたは私のそばにいるのですね。あなたはここにいるのですね！」

コインではメッセージの趣旨を伝えきれない場合には、天使は貨幣に関連した別の方法を用います。悪いことが立て続けに起こって人生に絶望しているようなときには、希望などまったく感じられないでしょう。そんな状況では、具体的かつ明白なサインだけが役に

立ちます。エイミー・ブロデリックと妹のローラもそのことを実感しました。

私は妹ローラと、フロリダで誕生日を祝う休暇を過ごしていました。久しぶりだったので、心からおしゃべりを楽しみました。二人でプールサイドに座っていたときに元気のないローラを見て、宇宙が私たちの願いにいかに反応するかについて話そうと思ったのです。私は豊かさを引き寄せるゲームをしていて、小銭を探している、と彼女に言いました。行く先々でお金が見つかるのでとても楽しいし、見つけるのはコインでも紙幣でもかまわないと説明しました。私の話に彼女はにっこりしましたが、実際には信じていなかったでしょう。

しばらくして、体の火照《ほて》りを冷ますために、ひと泳ぎすることにしました。ローラが水の中へ足を入れるやいなや、急に手をつま先のほうへ伸ばしたのです。指の間に何かが挟まっていると言った彼女がつまみ上げたのは、折り畳まれた20ドル紙幣でした。彼女の唖然とした瞳が今も忘れられません。けれど、サインはそれで終わりませんでした。

その日遅く、二人でリゾート周辺を散歩していたときに、ローラは人生の大きな変化に気が滅入っていると打ち明けました。私は彼女の体に手を回し、とても愛していると伝えました。さらに、神も愛してくれていると心から信じれば、どんな困難でも切り抜けられると言ったのです。

そのとき、頭上で飛行機が雲で文字を描いているのに気づきました。私は興味をそそられ、「ねえ見てみて、何と書くのか楽しみね」と言いました。二人で眺めていると、飛行機は「神はあなたを愛しています」と書いたのです。ローラは私のほうを見て、メッセージのシンクロニシティに驚いていました。

私はただ微笑み、神と天使がくれたさらなる愛とサポートに感謝しました。

あなたが自分や愛する人のためにサインを必要としているなら、天使は喜んでその願いをかなえようとしてくれます。キャロル・ルノーのお話を読めばわかりますが、コインには特別な意味があるのです。キャロルは天使のサインのおかげで、夫と夢のような休暇を楽しみました。

ラスベガスへの旅行中、夫と私はグランドキャニオンの景色を楽しむため、小型飛行機で遊覧飛行をすることにしました。広い渓谷の上空を小型飛行機で飛ぶのは少し怖くもありましたが、ぜひ経験してみたかったのです。

遊覧飛行の朝、大天使ミカエルをはじめとする天使たちに、私たちと一緒に乗って、安全な飛行にしてほしいとお願いしました。

小型飛行機に乗り込むと、私たちの予約席に、新しいペニー硬貨が2枚置いてありました。そのコインを見たとき、私は、ガーディアン・エンジェルが一緒に乗っているのだとわかったのです。おかげでリラックスでき、遊覧飛行を満喫できました。天使が同乗してくれた喜びと、グランドキャニオンの素晴らしい眺めは、とても言葉では言いつくせません。

今でも、グランドキャニオンの旅を思うたびに2枚のペニー硬貨を思い出して、同行してくれた天使にとても感謝しています。


サインを受け取らなくても、きっと天使は一緒にいてくれたのでしょうが、コインが与えてくれた慰めや安心感は何にも代えられません。天使は、人や状況に合わせたサインを考えてくれます。エリザベス・ガフタストンは、非常に落ち込んでいたときに、あまり目立たない小さな発見が実は喜びをもたらすメッセージだったとわかりました。

クリスマスの1週間前に私は解雇されました。ちょうどホリデーシーズンだったので、とてもショックでした。

私は自分の持ち物を整理して、がっくりしながら車のほうに歩いていました。そのとき、地面に何かが落ちているのに気づいたのです。それはペニー硬貨でしたが、このコインには大切な意味があるに違いないと感じたのです。そして1時間後、ペニー硬貨の本当の意味がわかりました。

友人からメールがあり、それを読んだ私はそのシンクロニシティに血の気が引いたのです。友人の話は、お金持ちの男性経営者が週末に、ある従業員とその妻を招待してともにすごしたというものでした。夕食に出かけたとき、従業員の妻は、レストランの前の道ばたでその男性がペニー硬貨を拾うのを目にしました。とても裕福なのに、そんなことをするなんて奇妙に思いましたが、きっとコインの収集家なのだろうと考えました。

夕食中、彼女は我慢できずにコインの話を持ち出しました。すると彼は、ちょっと含み笑いをしながら、それをポケットから取り出しました。そして、コインを見ながら彼女に、ペニー硬貨に何と書かれているか知っているかと尋ねました。しばし考えた彼女は知らないと認めました。するとその男性は、「我々は神を信じる」と書いてあると言いました。そして、地面に落ちているペニー硬貨を見つけたら、それは神が彼の注意を引こうとし、彼と話をしようとしていることなのだと説明したそうです。

メールでこの話を読んだとき、とてもつらい日に受け取った素晴らしいシンクロニシティが信じられませんでした。どんなにひどい状況に思えても、またすぐに笑える日が来ると、神は私に知らせたかったのでしょう。結局、その通りになりました。私は人生で最も素晴らしい仕事を見つけることができたのです。私は今、ドリーンの本を出版しているヘイハウスの経理で働いています。

天国からのコインは、貨幣に限りません。リサ・ホワイトは、「天使のコイン」を見つけたとき、まさに必要だった慰めのメッセージを受け取りました。

私は仕事に向かいながら、悲しくて気が滅入り、孤独感にさいなまれていました。まさに神の愛から切り離されているような気がしました。

自宅の郵便受けのほうへ車を動かしながら、自分が神から愛されているというサインがほしいとお願いしました。感情が高ぶって、郵便受けのところに来たときには涙があふれていました。深呼吸をしてから車を降りて、たまたま下を見ると、私の靴の前に金貨が1枚落ちていたのです。すぐに自分にとって重要なものだとわかりました。金貨を拾いながら、私の心は期待に高鳴りました。

金貨の表に書かれた「ガーディアン・エンジェルよ、私たちを見守ってください」という言葉を読んだとき、私は自分の目が信じられませんでした。さらに裏面は、ひざまずき、手を組んで祈る天使の絵だったのです。涙があふれてきて、自分が神から愛され守られているのを実感しました。このコインは私の宝物となり、落ち込むたびに握って神からの愛を感じています。

これを機に、リサの人生は好転し始めました。なぜなら、彼女はガーディアン・エンジェルの存在をもう疑わなくなったからです。

神や天使とのコミュニケーションで最も基本的な学びは、ささいな問題やつまらない要求などはないと知ることです。自分がささいなことで助けをお願いしたら、もっと重要なお願いをしている人の邪魔をするのではないかと恐れる人がいます。けれど、つまらない問題などというものはなく、どんな要求も神や天使にとっては重要なのです。ジェシカ・ニールセンのお話から、助けを得られない唯一の理由は、あなたがお願いするのを渋っているからだとわかるでしょう。

私は長い間、神とは無縁でいましたが、再び対話をするようになりました。私は今も、子ども時代の宗教教育の影響を克服しようと努力していました。それは、自分を恥じるようにと教え、神は人生のささいなことではなく、大きなことだけを助けると説いていたのです。子どものころに学んだこの教えを乗り越えるため、私は神とたくさん話し合いました。それが神との関係を深めるのにいちばんだと考えたからです。

ある日、とても喉が渇いて大学の自動販売機に行くと、飲み物を買うのに5セント足りませんでした。お金は持っていましたが、その販売機では1ドル紙幣が使えないのです。そこで私は大声でお願いしました。

「神様、どうぞもう1枚だけコインをください」

すると、チャリーンという音がしたので、足元に目をやりました。そこには10セント硬貨が落ちていたのです。辺りを見回しましたが、どこから出てきたのかまったくわかりません。私の財布から落ちたはずもありません。私はコインを拾いながら、「ありがとうございます」と、少し震える声でお礼を言いました。
神は、小さな問題でも助けると言おうとしたのでしょう。そのときのおつりは、今でも大事にとってあります。

人生は私たちに知恵となるような学びを与えてくれ、年をとればとるほど、私たちは恐れずに天からのメッセージを認められるようになります。アンナ・ロビロットの場合、彼女の父親と天使が協力し合って、死んでも父の娘への愛は変わらないことを理解してもらおうとしました。

父は亡くなる前、5人の子ども全員と一緒の時間を過ごすことができました。そのとき、妹とその娘が、イタリア旅行のために10セント硬貨を貯めている、と父に話したのです。それを聞いた父は、「小銭を大事にしなさい。そうすればおのずと大金が入ってくるから」と言いました。
私たちが父の葬儀の車に乗り込もうとしていたとき、妹の娘がコートのポケットに入っている10セント硬貨を1枚見つけ、とても喜んでこう言いました。

「見て、10セント硬貨よ。おじいちゃんからだわ」

その日の夕方までに、全員が自分のポケットから10セント硬貨を見つけたのです。

また別の話ですが、私が健康上の問題にぶつかったとき、すべて大丈夫だというサインをお願いしました。そして立ち上がると、ひざの上から何かが落ちたのです。見ると、10セント硬貨でした。

私は、父が今も家族や私を見守ってくれているとわかっています。


次に地面に落ちているコインを見つけたら、それはあなたのために意図的に置かれたものだと思ってください。天使は、私たちが贈り物を喜ぶことを知っています。コインの贈り物は、私たちがどんなことでもサポートされていると感じる助けとなるでしょう。コインは、宇宙の無限の豊かさを思い出させてくれるものなのです。

第5章 虹を追いかけて

ノアの方舟《はこぶね》以来、虹は歴史的に、愛や心遣い、サポートや保護について神が約束してくれたしるしでした。天使界は愛と光のエネルギーでできているので、天が美しい虹のサインを与えてくれるのも不思議ではありません。

虹は空だけでなく、クリスタルの反射によっても現れ、水たまりや写真や絵の中にも見られます。天使にサインをお願いして虹が見えたら、あなたのすべてが天使によって見守られているということです。天使にすべてをゆだねれば、物事をあるべき方向へと導いてくれるでしょう。

確証や確認がもっと必要であれば、天使は喜んでさらなるサインを与えてくれます。それはまさにシルビアが経験したことでした。

私は人生の岐路に立ち、どちらの方向へ行くべきかに迷っていました。ある日、車を運転しながら、天使に、どうすればいいのか決められるように虹のサインを見せてほしいとお願いしたのです。

すると、ほんの数秒後、「虹のアイスクリーム」と書かれた大きな看板に出くわしました。私はワクワクしましたが、単なる偶然だろうと思いました。そこでもう一度、天使に虹のサインをお願いしました。

その同じ日、歩いて帰宅する途中、油だまりにゆらめく虹を見つけたのです。その日は一日中、もっとたくさんの虹を見せてほしいと何度もお願いしました。大きな人生の決断をする前に確認したかったからです。

家に帰ると、娘のテイラーが自分から虹の絵を描いてくれました。それが3つ目のサインでした。私は心の中で天使に感謝しました。なぜなら、私が天使を信頼し、すべてをゆだねられるように助けてくれたからです。

幸いにして、シルビアは偏見のない心の持ち主で、サインがさまざまな形でやってくる

と理解していました。次に紹介するのは、ステファニー・ブラックのお話ですが、彼女が本当に必要としたとき、奇跡のような虹が現れて安らぎを与えてくれたのです。

私は両親と同居していましたが、家庭内で諍《いさか》いが絶えず、暴力にまで発展することがよくありました。

家庭内の言い争いにもう耐えられず、私は大天使ミカエルとラファエルに、けんかの仲裁をお願いしたのです。その晩、私が西側のパドックで馬に餌をやっていると、霧の向こう側に白色の虹（もやの深い状態で見られる円弧状の白い光）が見えたのです。

ちょうど白い虹の記事を読んだばかりだったので、驚いて立ちつくしてしまいました。急いで母に知らせましたが、私の声が聞こえなかったようで、まもなく虹は消えてしまいました。明らかにそれは私へのメッセージだったのでしょう。家の中に戻ると、安らぎと静けさを求めて自分の部屋に避難しました。すると1分もしないうちに、1週間も口をきいていなかった両親が手に手を取って私の部屋にやってきたかと思うと、協力し合って問題を解決することにしたと告げたのです。

最初は、二人が冗談を言っていると思いました。でも、天使が耳元で、私の祈りが白い虹というサインで応えられたのだ、とささやいてくれました。
すぐに家族の問題が解消したわけではありませんが、それから1年間かけてかなり改善されました。この出来事は、私にとっては決して忘れられない奇跡です。

白い虹、二重の虹、月虹《げっこう》（月の光のもとで夜に現れる虹）などは、いずれも非常に珍しいもので、その重要性については疑う余地がありません。同時に現れた3つの虹は、確かにトレーシー・ジョーンズの注意を引いて、彼女が必要としていた慰めをもたらしてくれました。

3人目の子どもを妊娠中、すべての検査で不安な結果が出てしまい、私は専門医のところへ送られました。そこで、赤ちゃんはダウン症である可能性が高いと告げられたのです。医師は私にダウン症の検査を受けるようにすすめましたが、その検査は50回に1回の割合で流産の危険性があると言われました。結局、赤ちゃんを傷つけたくないので、検査は断りました。どんな子が生まれようと、私はその子を愛して、大切にするとわかっていましたから。

でも、内心はまったく穏やかではありませんでした。私の心は乱れ、胸はドキドキしていました。病院からの帰り道、母から車のスピードを落とすように注意されて速度計を見ると、時速１４０キロを超えていたのです。急に涙があふれてきて、二人の子とフルタイムの仕事を抱えながら、どうやって生まれてくる子を育てればいいのだろうと胸が締めつけられました。

そのとき突然、私は信じられないほどの安らぎに満たされたのです。空を見上げると、目の前いっぱいに３つの虹が広がっていて、私も母も驚いてしまいました。雨も降っていないのに、こんなことはありえません。二人とも、雲ひとつない晴天の日に、空いっぱいにかかった虹を見るのは初めてでした。

この虹の中を運転しながら、神がすべてを支配しており、神を信頼する必要があるのだと知って平和な気持ちになりました。その日、天使が一緒にいて導いてくれたのだと信じています。私はその後の妊娠期間、ずっと彼らの存在を感じていました。

数ヶ月後、私は元気な赤ちゃんを連れて家に戻りました。赤ちゃんは医学的に何の問題もありませんでした。医師も家族もホッとしたようでしたが、私も母もすでにそうなることはわかっていました。神と天使が虹という、はっきりとしたサインを送ってくれたからです。

トレーシーを安心させるために、天使はとても心温まる方法を使いました。もしトレーシーが妊娠中、心穏やかで幸せなら、母親と赤ちゃんの両方が健康でいられると天使は知っていたのです。トレーシーに起こった奇跡は、神と天使が私たちに愛を伝える方法の素晴らしい一例にすぎません。

虹が現れるタイミングは、注目すべき点の1つです。私（チャールズ）は、サインをお願いして、虹が現れてもなお疑い続ける人にはまだ出会ったことがありません。虹のサインのために雨が降る必要はなく、天使があなたに虹を見せたいと思えば虹が現れ、あなたはそれを目にするように導かれるでしょう。このことはリサ・J・ウッドのお話からもわかります。

私は、害のある恋人関係から抜け出そうともがいていました。自分にはまったくふさわしくない相手と知りながらも、彼を愛していたのです。結局、彼とは別れましたが、心の中では葛藤し続けていました。

ある日、私は、この関係を断つけじめとして、自分の携帯にある彼の写真の削除を決心しました。削除してから数分後、窓のほうが気になって外を見てみました。すると、雨も降っていないのに、今まで見たこともないような美しい虹がかかっていたのです。

それは、恋人と別れることが正しいというサインだとわかりました。そして、とてつもなく大きな心の平和と安らぎを感じました。

虹はサインであるだけでなく、向こうの世界からの励ましやガイダンスという贈り物です。自分が正しい道にいるのがわかっているときでさえ、このようなサインを受け取ることがあります。そのサインは、虹が与えるのと同じ喜びや美しさであなたを祝福しているのです。

キャシー・ショーグレンは、愛するペットが今も一緒にいて、キャシーの決断に賛同しているサインを送ってくれたと話してくれました。

エアデールテリヤの私の愛犬ローズバッドは、長い闘病の末、私の腕の中で亡くなりました。彼女の死後、私は天国にいるローズバッドにずっと話しかけていました。ですから、私がいかに寂しがっているか、どんなに愛犬を必要としているかを知っていたはずです。そこで、私のために新しい愛犬を選んでくれるようにお願いしました。

気がつくと私は、エアデールテリヤのサイトを見るように導かれていました。ちょうど保護犬の里親募集をしているところでした。すぐにほしいわけではありませんでしたが、それを見るように何かにせっつかれたのです。

そして、保護された兄弟犬のジェイクとモリーの写真を目にしたとき、ローズバッドが私のために選んでくれたのだとわかりました。ジェイクとモリーは雑種なので、里親を見つけるのは難しく、私たちを必要としていました。同じように、ローズバッドの死を嘆いている私たち夫婦も彼らを必要としていたのです。

結局、ジェイクとモリーを引き取ることに決めました。私たちが犬を引き取りに行ったその日、夫のランディは、目に涙をためて部屋に入ってきました。信じられないことに、窓の外に大きな美しい二重の虹がかかっていると言うのです。彼は驚いていましたが、私は微笑みながら、「きっとローズバッドが、ジェイクとモリーに１つずつプレゼントした虹ね」と言いました。

それは、ローズバッドが天国で幸せにしているというサインで、さらに、彼女が選んでくれた愛犬と私たちの新生活を祝福するサインだとわかっていたのです。天使のような愛犬たちとの生活は今年で６年目を迎えます。

二重の虹は、どれほどキャシーを慰めたことでしょう。

もしあなたのハートが悲しみに沈んでいるなら、天国の愛する人からのサインがほしいと天使にお願いしてください。天使は、あなたの友人や家族の永遠の愛を伝えるために正しいサインを選んでくれるでしょう。

第6章

天から聞こえる声

これまで紹介したお話でわかるように、あなたはサインを受け取ると、その意味を感じ取ることができます。自分の質問や問題と関連づけて、その重要性を感じたり、わかったりするのです。天使は、誤解やあいまいさが生じないように、きわめてはっきりしたコミュニケーションをとることもあります。

あなたが緊急事態にいるような場合には、天使は声を出してコミュニケーションします。天使が話せば、メッセージやその意味についての疑いは消え、必ずあなたに届くでしょう。

「声を聞く」ということには、いくつかの意味があります。いちばんはっきりしているのは、実際に誰かが話しかけているように声やメッセージを認識することです。もう1つは内なる声で、あなたは心の中でメッセージを受け取ります。それは、まるで誰かが話しているように感じるかもしれませんが、実は自分の内部からやってきたものです。

私たちは、声が聞こえるのはおかしくなったサインだと教えられてきましたが、この章を読めばわかるように、天使の言葉が聞こえるのは健全なことなのです。天の守護者たちは、聞こえるというよりも感じる程度のささやき声で、いつも話しかけています。でも、トラブルが起きると、天使は大声を上げて、私たちの取るべき行動についてサインやガイダンスを与えてくれるでしょう。

リンダ・プラーノが手術後に内出血を起こしたとき、天使は声を上げて助けようとしてくれました。

子宮摘出手術の後、私は回復室で休んでから病室へ運ばれました。どのくらいたったかわかりませんが、突然、胃の辺りに激痛を感じたのです。まさに七転八倒するほどでした。私は痛みには強いほうなので、こんなことは珍しく、何かとても悪い状態に違いないと思いました。

私はすぐに、敬虔な気持ちで主の祈りを唱え、助けをお願いしました。すると、明るい光に包まれ、保護や愛、癒しや穏やかさの泡の中にいるように感じたのです。そして、痛みはすっかり消えてしまいました!

私は畏敬の念にうたれ、至福と安らぎに満たされて、神さまが応えてくれたのだとわかりました。さらに、自分が愛され、大切にされているのを実感しました。そのとき、『あなたの祈りを感じて、それに応えたのです』という声がしたのです。

私が口を開く前に、その声はこの言葉を5回繰り返しました。私は、自分が聞いているのは天使の声だとわかっていました。そして、天の存在に向かって言いました。

「祈りが奇跡をもたらすのは知っていましたが、あなたが私の祈りを感じてくれていたとは知りませんでした」

威厳のある声がもう一度同じ言葉を強い口調で繰り返しました。その瞬間、私は決して忘れられない深い感謝と謙虚さ、大きな愛を心の底から感じたのです。

天使は、私が自分の体を癒せると言いました。不思議ですが、そのとき神の光の中にいて、私は天使の言ったことが正しいとわかりました。つまり、自分を癒せるとわかったのです。天使は、光を頭から受け入れて、お腹まで下げていくように指示し、私は言われた通りにしました。

頭から光を入れ、胃のほうへと下げていきながら、私は素晴らしいヒーリングを目の当たりにしたのです。そのときにはヒーリングだとはわかりませんでしたが、何か神聖なことが起こっているのに気づいていました。

私は、起こっていることすべてを見ていました。燦然《さんぜん》たる輝きが自分の中を通り抜けていき、まるで真っ暗な映画館内が巨大な光に照らされたようでした。光の柱が降りてきて、その内部には小さな糸状の粒子が見えました。これが頭から胃の中へと注がれ、何十億という神の光の粒子になったのです。

奇妙に思うでしょうが、光の粒子には口があり（ゲームの『パックマン』のように）、私の胃の中で何かをかみ砕き始めました（後でわかりましたが、彼らが食べていたのは血液でした）。彼らには知性があり、それぞれに使命がありました。光の柱もまた、知性のある存在だったのです。

この光の柱が、私の頭を通って強烈なスピードと勢いで降り注ぎ、あまりの轟音に耳を覆わざるをえませんでした。これが起きている最中、私はずっと祈り続けていました。すべてが終わったとき、私はベッドのそばにいる医師に気づきましたが、どこかおびえているようでした。彼は「異常出血だ」と叫びました。つまり、私の体内で大量出血していると言ったのです。

看護師が私の腕にチューブを入れ、医師は私にすぐに輸血が必要だと説明しました。そして輸血によって血圧が正常値に戻ったら、内出血を止める二度目の手術をすると主張しました。

私は奇跡的なヒーリングを経験したので、二度目の手術は必要ないと繰り返しました。さらに、プロの歌手として腹部を切るわけにはいかないと訴えましたが、医師は手術以外に方法はないと答えました。「腹部を切れば歌えなくなるかもしれない」と言いましたが、医師は、手術をしなければ死ぬ可能性が高く、確実に歌えなくなると考えていたのでしょう。でも、私は大丈夫だと知っていました。素晴らしい奇跡を経験していたからです。

医師は、安心させるように私の腕を軽くたたき、明朝7時に手術室で会いましょうと言って病室から出ていきました。

翌朝、医師は私の病室にやってきて、「人体の不思議さにはまったく驚かされます。理由はわかりませんが、あれほどひどかった出血が自然に止まってしまいました」と告げたのです。私は、「そんなことはわかっています。昨晩、先生にも言ったはずです」と答えました。

そのときの奇跡は私を夢心地にしました。それは、私自身がスピリチュアルな成長をするための神の介入だったに違いありません。

リンダの命は天使によって救われました。天使が大きな声ではっきりとメッセージを伝えてくれたおかげで理解できたのです。

天は、私たちが次のステップを見つけるのに十分な情報を与えてくれます。それは、アサートン・ドレントが経験したことでした。彼女はコガネムシのサインを立て続けに受け取りましたが、天使の声が聞こえたおかげでサインの意味を理解し、理想通りの家を見つけられたのです。

10年前、私はある夢を見ました。それは、右頬に大きな腫れ物がある夢でしたが、その腫れ物が破れて巨大な真珠色のコガネムシが這い出てくるのです。私はあまりのショックに目が覚めてしまいました。その夢は私の心を強く揺さぶり、1年半もの間、それが何を意味しているのか毎日考えていました。

いろいろな人にその意味について尋ねてみましたが、私自身はどう思うのかと反対に尋ねられてイライラしたものです。

ある日、エジプトの工芸展を見に、夫や子どもたちと車でトロントへ行きました。工芸品の数々を鑑賞しながら、ピラミッドの模型のところまでやってきたとき、その基部に据えられたたくさんのコガネムシに目がとまったのです。そこには「コガネムシは神秘的な旅への目覚めを意味する」という説明があり、これを読んで私は茫然としました。

それからしばらくして、私は家の購入を考え始めました。そのためにいろいろ努力していましたが、まるで八方塞《はっぽうふさ》がりでした。

ある日、偶然に友人と会ったとき、「もう家は見つかったの？」と尋ねられました。私はため息まじりに「一生懸命探したけれど、だめだったわ。もうあきらめるつもり」と言いました。

それが、すべてが大きく変わり、私のためにドアが開き始めた瞬間でした。5分後、私は運転中に、「売り出し中」の家の看板を見つけたのです。そのとき、『その家だよ』という小さな声が聞こえました。ブレーキを強く踏んで車を急停止させ、私が依頼している不動産仲介業者に連絡しようと携帯電話を取り出しました。彼はいつでも忙しく、事務所にいたためしがありません。その彼がすぐ電話に出たのですから、どんなに驚いたか想像がつくでしょう。私が「売り出し中」の家を見たいと話すと、早速その晩に見せてもらえることになりました。

その晩遅く、夫と私がその家に足を踏み入れた瞬間、これだと思いました。でも、価格がいくらなのかが心配でした。私は2階を歩き回りながら、大天使ミカエルを呼んでこうお願いしました。

「もし本当に契約すべき家なら、あなたからの明確なサインが必要です。手に持てるような具体的なものをお願いします。そうすれば、この家は私たちの家で、私たちはここに導かれたのだと信じることができるでしょう」

すると、『部屋の隅を見てください』という声が聞こえました。隅のほうを見ると、床の上に宝石を散りばめたコガネムシのブローチが落ちていたのです。これがサインだとはっきりとわかった瞬間でした。それから2時間後には、この家を購入したいという私たちの申し出が受け入れられました。今は毎日、この家に住めることを光栄に思い、幸せを感じています。

コガネムシは、アサートンを夢の家へと導く道しるべでした。彼女は、コガネムシが正しい道にいるという意味だとわかってから、それがさまざまな形で現れていたことに気づくようになったのです。サインやシンボルは、人それぞれで異なります。あなたにだけ意味のあるものなのです。でも、自分に与えられたサインに気づかなかったり、理解できないようなら、必ず天使に尋ねてください。

ジュリー・アネット・ベネットが経験したことですが、危険から身を守るためのサインに気づくことは重要です。

私は24歳で、まだ独身でした。当時は月曜日から金曜日まで懸命に働き、週末は友人と街に繰り出してお酒を飲んだりダンスに興じたりしていました。お気に入りのダンススポットは、カリフォルニア州ウッドランドヒルにあるレッドオニオンクラブでした。

ある金曜日の朝、いつものように６時に起きました。睡眠不足でふらつきながら、コーヒーメーカーのスイッチを入れて、シャワーを浴びながらその夜のことを考えました。私の体は音楽のビートを感じ、男性とダンスしているのを想像していたのです。そのとき突然、心の奥で『今夜は行くな』という大きな声が聞こえた気がしました。

「どうして？」と、私はすぐに問い返しました。

『どうしても今晩は行かないほうがいい』と頭の中で答えが聞こえたようでした。

でも私は、出勤の準備をしながら今晩ダンスに着ていく服を選んでいたのです。するとまた、『今夜は行くな』という声が聞こえました。しつこくやってくるメッセージに少しいらつきながら、それでも出かけると決めた場合に備えて、とにかく着替えを持っていくことにしました。警告の声は一日中繰り返されましたが、若く向こう見ずだった私は、それを無視してダンスに行くことにしたのです。

午後5時ごろ、私は職場を出てレッドオニオンクラブへと車を走らせていました。その途中、警告の声はずっと聞こえていました。

私は、誰もが振り返るようなレースのブラウスとミニスカートというでたちで、さっそうとクラブの中に入っていきました。友人のパットはすでにテーブルについていて、私たちは飲み物を注文しました。二人で化粧室へ行くとき、同僚で友人のケンにテーブルにいてくれるように頼みました。すぐに込み合って、座る場所はおろか立っている場所もなくなるとわかっていたからです。

トイレの中に一人でいると、突然、恐れに全身を鷲づかみにされた感じがしました。私は心の中で、「神さま、今夜何が起ころうと、どうか私の命を助けてください」と祈りました。少し気分がよくなって、私はパットとケンが待つテーブルに戻りました。すると、また同じ恐れがやってきたので、「なぜかはわからないけれど、今晩は怖いことが起こりそうな気がするの」と言いました。二人からは怪訝なまなざしを向けられましたが、自分でもそう思ったくらいです。

数分後、ハンサムな男性がダンスに誘ってくれたので、私はパットにバッグを見ていてほしいと頼みました。でも、テーブルに戻ると、バッグはどこにも見当たりません。そのときようやく、なぜ一日中声が聞こえていたのか理解できたのです。車のキー、運転免許証、クレジットカードといった大切なものがすべて入ったバッグはどこかに消えてしまいました。

車のキーも盗まれたので、友人のジョンが家まで送ってくれました。家に着くと、玄関の鍵がかかっていないことに気づいてぞっとしました。恐れていた通り、中に入るとさらにひどい状況で、ありとあらゆるものが床にばらまかれていたのです。私のバッグを盗んだ犯人が、運転免許証から住所を特定して家に押し入ったのでしょう。

この事件を振り返るたび、なぜ天使の警告を聞かなかったのだろうと後悔しますが、そのおかげで天使に会えるようになったことには感謝しています。そして、今ではちゃんと天使の声に耳を傾けています。

いったん天使の声を聞く習慣ができると、天使はいつもそばにいるだけでなく、永遠にあなたの味方であると何度も証明してくれるので、驚きと感謝を抱くことでしょう。天使がくれるメッセージに従って、あなたの力をさらに強くしてください。

ジュディ・バルコム・リッキーは、天使のおかげで命拾いしました。

ある日の午後、私はお昼休みに車で家に戻りました。アパートの住人のほとんどは仕事に出ていて、人気はありませんでした。アパートは4棟あって、それぞれに4世帯入っています。上階に2世帯、下階に2世帯で、私は2階に住んでいました。

私がテレビを見ながら昼食をとり、ソファでくつろいでいると、建物のドアが開いて、誰かが2階へ上がってくる足音が聞こえたのです。1階に住むスーザンが昼食を食べに戻ってきたに違いないと思いました。私たちは昔からの友人で、彼女は私も昼食に戻ってきているかよく見に来るのです。案の定、ドアをたたく音が聞こえたので、私はすぐに開けようとしました。

そのときです。突然、私の右耳に『そのドアを開けてはいけない』という、とてもはっきりした声が聞こえました。こんな経験は初めてでした。あまりにも説得力のある声だったので、私はドアに近づき、「どなたですか?」と尋ねました。

男の声が「電話会社の者です」と答えました。

私は警戒しながら、「どうかしたのですか」と尋ねると、男は少し口ごもったように、「いいえ、この地域で作業中なので、電話がしばらく使えないとお知らせしたかっただけです」と言いました。

私はお礼を言って、彼が下に降りていく足音を聞いていました。彼は他の部屋をノックしませんでした。つまり、他の誰でもなく、私のところへまっすぐやってきたということです。彼は階段の上にある廊下の窓から、私がどの部屋に入るかを見ていたのだと思います。私は電話会社のトラックが駐車しているか探しましたが、どこにも見当たりませんでした。

仕事に戻ってから電話会社に連絡し、作業中に保守作業員が1戸ずつに作業中だと知らせて歩くのは普通なのかと尋ねてみました。さらに後で思い出したことですが、この出来事の1週間前、若い女性医師がアパートから忽然と消え、部屋のドアは開いたままだったのです。彼女の行方について、いまだ何の手がかりも見つかっていません。そのニュースを聞いたときにはあまり深く考えませんでしたが、彼女は私のアパートから3キロも離れていない場所に住んでいたのです。この事件とは無関係かもしれませんが、少なくとも天使の声が私の命を救ってくれたのだと信じています。

天使は、私たちを守ってくれるだけでなく、安心感も与えてくれます。人生を変えるような大きな決断をするときには、孤独で傷つきやすい気持ちになるものです。そのせいで、自分が下した選択を後悔するかもしれません。なぜそんな大胆な決断が必要だったのか、その理由を忘れてしまうのはよくあることです。

もし決断するのに悪戦苦闘中なら、天使からのメッセージを聞けるように心を開いてください。どうかくじけないように。あなたは一人ではなく、愛されているのです。天使の声が聞こえると信じていれば、あなたは必ず進むべき道へと導かれるでしょう。それはまさにダイアナ・サンダースが経験したことでした。

私は夫と別れるというつらい決断をしました。大学生の娘たちは、両親の不仲を知りながらも離婚には反対でした。下の娘のほうは、私と話すことはおろか、私の顔を見ようともしませんでした。

天使に助けてくれるようにお願いしましたが、子どもたちとの関係は悪くなるばかりで、私は悲しみに打ちひしがれていたのです。子どもたちを失いたくないという思いから、私は自分の決断に疑問を感じ、家に戻ることも考え始めました。けれど、私の内なる声は、『我慢してください。すべてうまくいきますから』と言い続けていたのです。

ある日、職場へ車を走らせながら娘たちとのことを悲観していると、『すべて大丈夫です。私はガブリエルです』というはっきりした声が聞こえました。

私はびっくりしました。それは、内なる声ではなく、耳で聞き取れる大きな声だったからです。

何が起こっているのかと戸惑い、自分がおかしくなったに違いないと思いました。ガブリエルという名前も聞いたことはありませんでした。でも、『私はガブリエルです』という声が、また聞こえたのです。私はますます自分の正気を疑いました。3度目には、『私はガブリエルです』と聞こえただけでなく、1台のトラックが私の前を通り過ぎて、その横腹には「ガブリエル造園業」という文字が書かれていたのです。

それ以来、子どもたちのことは、すべてうまくいくだろうと思えるようになり、二度と自分の決断を疑わなくなりました。案の定、その事件から数日もしないうちに、娘たちと和解できたのです。もうぶつかることがまったくないというわけではありませんが、ガブリエルにまかせればすべてうまくいくだろうとわかっています。

その2年後に天使のセミナーに参加して、ガブリエルが子どもを見守る天使だと知り、ようやくすべてのつじつまが合いました。私は彼の助けとガイダンスにいつも感謝しています。

天使は、心身が危険な状況にあるとき、私たちの手を取って守ってくれます。でも、そうするには私たちの助けが必要なこともあるのです。クリスティン・マーシュが経験したように、そんなとき天使は、私たちが見逃すことのないメッセージをくれるでしょう。

高校で下校のしたくをしていると、耳元で『道路を渡るとき、注意してください』という、とてもはっきりした男性の声が聞こえました。

案の定、バスの停留所へと向かって交差点を渡ろうとしたときに、私は優しく制止されたような気がしました。すると、急に猛スピードの赤いミニバンが現れ、運転手がブレーキをかけましたが、横断歩道の真ん中でようやく止まったのです。私がもう少し早く歩いていたら、ぶつかっていたことでしょう。

モーリーン・オーシァは、ガーディアン・エンジェルからの励ましのメッセージに耳をすまし、それを信じることがいかに助けとなったかを話してくれました。

地獄で罰を受けるというキリスト教的罪悪観が全盛のころに、私はカトリック教徒として育ちました。けれど幸運なことに内心では、神は当時の教会よりもずっと愛にあふれ、天罰を与えるようなことはしないと感じていました。

でも、どれほど神に愛されているかを知ったのは、初めての子を妊娠して4ヶ月目のことでした。私の母は地元新聞社の記者で、重度の身体障害を持って生まれた子どもの話をたくさん見聞きしていました。ある日、母はそのことについて私に話さなければならないと強く感じたのです。身体障害を持つ子どもたちの母親の中には、妊娠前にドラッグを使っていた人がいます。１９７０年代のことなので、当時の多くの若者のように私も数種類のドラッグを試したことがありました。

この話を聞いた後、私は精神的に参ってしまいました。眠れなくなり、食べることもほとんどできず、心配でどうしようもありませんでした。恥ずかしさと罪悪感から、自分の心の内を誰にも話せず、担当医にさえ尋ねることができなかったのです。そんな状況が２ヶ月ぐらい続いたある晩、ベッドに横になって天井を見つめていると、頭の中で声が聞こえました。そう思ったのではなく、はっきりとした声でこう言ったのです。

『健康な男の子です』

このメッセージは神からのものだとわかりました。その晩、私は何ヶ月ぶりの穏やかな気持ちになり、ぐっすりと眠ることができました。あとの妊娠期間は、何の心配もせずに過ぎていきました。そして、妊娠９ヶ月目の終わりに、約20時間かけて男の子を産んだのです。医師が「男の子です」と教えてくれたとき、私は「そうですよ」と言いました。そして、神さまが約束してくれた通り、息子は健康そのものでした。

ガーディアン・エンジェルの声だけでなく、愛する人の声が聞こえて慰めや励ましをくれることもあります。これはブルネッラが経験したことです。

私の夫は、バスケットボールをしている最中に心臓発作で亡くなりました。まだ51歳の若さでした。私と夫のジムは18歳のときからずっと一緒で、27年間の結婚生活でした。夫の死後、私は魂の抜け殻のようになり、ソファにぼうっと座っている有様でした。私を支えようと、家族や友人たちが入れ替わり訪ねてくれましたが、私は夫の死が信じられず、その大きなショックから空を見つめるだけでした。そんなとき突然、私の右耳に『愛しているよ』とささやく声が聞こえたのです。

それは小さな声で、一瞬のものでしたが、その部屋にいる人の声と同じぐらいはっきりしていました。私はそのメッセージが自分だけに向けられたものだとわかったので、誰にも言いませんでした。この短い言葉が、どんなに私の悲しみをやわらげてくれたか言いようがありません。私は再びジムと結びつけてくれた素晴らしい天使に心から感謝しました。

アン・ジェイが経験したように、声やメッセージを受け取ると、体に身ぶるいのような反応が現れることがあります。体は何が起きているのかを知っていて、感じているからです。自分の体を信じてください。

友人の愛犬が行方不明となり、どこを探しても見つかりませんでした。このことを知って私は、ドリーンの『エンジェル・ヒーリング』（牧野・M・美枝訳　ダイヤモンド社）に載っていた行方不明のペットを見つける祈りを唱えました。

1年後、私は最後に犬が目撃された道路を運転していました。すると突然、背筋がゾクッとしたのです（これは、大天使ミカエルがそばにいるときによく起こることです）。そして、『犬は見つかります』という声が聞こえました。この感覚は家に着くまでずっと続きました。

その日遅く、友人の愛犬がお昼ごろに見つかったと知りました。それはまさに私の背筋がゾクッとし、声が聞こえた時間だったのです。天使はいつも私たちの祈りを聞き届け、奇跡を起こしてくれるとわかりました。

この本で紹介した多くのお話において、人々が天からのサインに気づいて従ったとき、祈りは聞き届けられています。自分で招いた危うい状況でさえ、天使はいつでもそばにいて安全と幸福のために愛情あふれる注意を与えてくれます。私たちに必要なのは、その声に耳を傾けることだけなのです。そのことをジェニファー・サンティアゴも理解しました。

夜遅く、私は疲れ切って車を家へと走らせていました。家から1キロほどのところに工業地帯がありますが、昼間はにぎやかで夜は閑散としています。そこの信号が青になるのを待つ間、私はつい、うとうとしてしまったのです。

すると突然、私の名前を呼ぶ母の声が聞こえ、はっと目が覚めました。それはとても大きくはっきりした声で、まるですぐ隣に母がいるようでした。でも実際には、母は家にいましたし、周囲には他に車も見えず、ラジオもかかっていませんでした。

もしその声が聞こえなければ、私は完全に眠っていたでしょう。車のギアはパーキング（駐車）に入っていなかったので、どんな危険な事故に結びついたかわかりません。その声は、私を見守るガーディアン・エンジェルからのものだと信じて、毎日、天使にお礼を言っています。

名前を呼ばれて誰の姿もないというのは、実はとてもよくある話です。このようなことはほとんどの人が眠りから覚めるときに経験しています。なぜなら、そんなときの私たちは、天使の声に最も心を開いているからです。

出かけた先で、家に戻りたいという衝動を感じたことはありませんか。そんな衝動が起きたら、それに耳を傾けてみてください。私たちはよく、家に戻らなければ、という感情を無視しがちです。それは、自分が出かけたことへの罪悪感でそう感じていると思ってしまうからです。

幸いにして、キャロル・シングルトンは天使が帰宅するようにせきたてたとき、その声に耳を貸しました。

7歳の息子スコットは、胃の痛みで朝5時に目を覚ましました。前夜、ポップコーンを食べすぎたせいだろうと私は思いました。消防士の夫が朝9時に仕事から戻ってくるまで息子と一緒に静かにしていましたが、胃の痛みはまだおさまりませんでした。戻ってきた夫と3人でソファに横になっていると、夫がランチにでも出かけたらどうかと言ってくれたのです。夫は24時間勤務のため、月に10日は息子と二人で過ごさねばならな

い私には、一人の時間があまりなかったからです。私は夫の申し出に感謝しました。地元のデリでランチを食べて、雑誌を読みながらくつろいでいると、男性の大きな声で『家に帰りなさい』というのがはっきり聞こえたのです。雑誌を置くと、もう一度『家に帰りなさい』と聞こえました。初めての経験だったので、何かあると思い、すぐに家に向かいました。

帰宅してみると、留守番電話に夫からのメッセージが2件入っていました。1件目は、夫と息子が医師のところにいるというものでした。2件目は、病院の救急救命室にいるという知らせでした。私がそこに到着すると、息子は痛みで苦しんでいて、まだ検査を受けている最中でした。

私が息子に、「ママが帰ってくるように天使にお願いしたの？」と尋ねると、「お願いしたかどうかわからないけれど、ママにすごく帰ってきてほしかったよ」と言いました。土曜日の午後遅くだったので、当直の小児科医が到着するまでしばらくかかりました。手術前は痛みの原因がはっきりしていませんでしたが、結局、虫垂炎と判明しました。医師はこれまで診断した中で、スコットが最も幼い虫垂炎患者だと言っていました。私は天使が訪れたことをまったく疑っていません。そして、天使が声をかけてくれたことに今でも感謝しています。

私たちは、自分の判断や解釈で、神からのガイダンスをはねつけてしまうことがよくあります。間違うことを恐れて、最も安全な決断しかしようとしないのです。

天からのサインにはつじつまの合わない場合もあると理解することが大切です。このことをシンディ・フェルガも経験しました。

住んでいた家が売れて、2週間以内に引っ越すことになりました。私には3匹のシェパードと1匹の猫がいたので、愛犬のために庭つきの賃貸物件を見つけなければなりませんでしたが、それはなかなか難しいことでした。もちろん、アパートではなく一軒家でなければなりません。でも、そのときの私に支払えたのは、月700ドルぐらいが限度だったのです。

毎日、条件に合う家を探しては新聞広告の番号に電話をかけましたが、すべて犬は飼えないと断られました。それでも私は祈り続け、宇宙が必ず最適な場所を与えてくれると信じていました。そんなとき、1軒の家の広告が目にとまったのです。それは私の希望条件をすべて満たしていて、しかも家賃は月600ドルです。最初は、あばら家に違いないからやめようと思いました。

でも、そのとき、愛情深くしっかりした男性の声で、『電話をかけなさい』と言うのが聞こえました。辺りを見回しましたが、誰もいません。そこで広告の番号に電話したところ、すぐに感じのいい女性が応対してくれ、早速車で向かってみると完璧な物件だったのです。

その家に決めた私は、愛犬たちと一緒にもう8年も住んでいます。

シンディは、自分の論理的思考に打ち勝って、宇宙がすべての祈りを聞き届けると信じてよかったと喜んでいます。彼女の心の広さが完璧な家へと導いたのです。もし彼女が聖なる声に注意を払っていなければ、「天使は自分を助けようとしない」「自分にはガイダンスが聞こえない」と決めつけていたことでしょう。

人生の危機に直面すると、私たちはどうすることもできないと思いがちです。感情を抑えるのも困難になるかもしれませんが、そんなときには天使がいかに強力であるかを思い出してください。

あなたはこの世の人からもあの世の人からも愛されるために、そして彼らを愛するために地球に存在しているのです。あなたが心から天使の助けや慰めをお願いすれば、ジョイス・メイヤーズの経験のように、サインはすぐにやってくるでしょう。

私は、２ヶ月前に突然父を亡くし、大きな喪失感を味わっていました。そして今、将来、夫となるかもしれない男性と恋に落ちたのです。自分の中のさまざまな感情に対処しきれず、神経が参ってしまうのではないかと不安でなりませんでした。

ある朝、特に神経が高ぶったとき、私は机に向かい、内なる平和を求めて祈りました。そのとき、後ろから温かく抱きしめられる感じがしたのです。不安が波のように体から消えていき、『すべて大丈夫』というメッセージが聞こえました。たった数秒間の出来事でしたが、心が洗われ、力がわいてきて、何が起きたのだろうかと戸惑うばかりでした。

その後、とても気分がよくなったことに驚きました。再び前に進む気持ちになれたのです。私が天の助けをお願いすると、その答えは瞬時にやってきました。今では、誰もがあふれるほどの愛で見守られているのだとわかっています。

神や天使の声は、愛と知恵の声です。彼らが話すと、その声は大きく明快で、間違いはありません。

あなたの緊急事態には、聖なる声が急いであなたの注意を引くようになっています。ですから、サインを見落とすのではないかという心配はいりません。

第7章 エンジェル・ナンバー

数字は、天使から受け取るものの中で最も興味深いサインですが、ときには戸惑うこともあります。一連の数字が繰り返し現れ、それがどういう意味なのかがわからなければ、誰かがあなたを混乱させようとしていると感じてしまうかもしれません。

数字のサインは、あらゆるところに現れます。でも、一般的には、時計やナンバープレート、ビルの番号、電話番号やメールの更新日時、レシートの合計金額などに見られます。特定の数字が繰り返し現れたら、その数字がどんな意味を持つのか、天使に尋ねてみてください。もしくは『エンジェル・ナンバー実践編』（奥野節子訳　ダイヤモンド社）で調べましょう。この本では、1～999までの数字の意味だけでなく、4桁以上の数字の組み合わせについても説明しています。

この章では、数字のサインによって人々がどのように助けられ、変化し、慰めを得て安心できたかというお話を紹介します。

まずはジェイソン・シンプソンのお話で、天使がそばにいるサインを毎日受け取っているというものです。

天使は、一連の数字でサインを送ってくれます。それは、ナンバープレートやレシート、時計などに見つけることができます。たとえば、４２０という数字を見ると、天使が『やあ、ジェイソン』と挨拶している感じがします。なぜなら、私の誕生日は4月20日だからです。私はエンジェル・ナンバーやその他のサインを毎日記録しています。１日で25個以上のエンジェル・ナンバーに気づいたこともあります。

天使や宇宙から特別な数字を受け取ることは大きな喜びなので、その瞬間を誰かと共有すれば、きっと相手にも大きな影響を与えることでしょう。アンジェリカ・モンテサーノはまさにそのような経験をしました。

私の友人テレサは、11という数字や、111や1111のような数字のパターンの意味について教えてくれました。その数字がなぜ特別なのかわかりませんが、彼女が物心ついたときからのことだそうです。テレサは毎月11日を大切に考えていて、1が2つ並ぶ11月には特に敬意を払っていました。彼女の経営する製作会社の名前にも11を入れ、プロジェクトなどで数字が必要なときにも使っています。

ある夏の晩、私は家庭用品を買いに地元のショッピングモールに行きました。ある店で支払いをしようとすると、レジ係が合計金額は111・01ドルだと言ったのです。私はその数字に気づいてニヤニヤしてしまいました。次の店で買い物をすると、今度は111ドルちょうどでした。

すぐにテレサのことを思い出し、その場で彼女に電話しなければと感じました。留守番電話だったので、レシートの数字についてメッセージを残しました。

テレサはすぐに電話を折り返してくれましたが、祖母が亡くなって病院にいたと打ち明けたのです。そして、111についての留守番電話がとても大きな慰めとなったと言いました。それが天使か、テレサの祖母か、神さまなのかはわかりませんが、私の彼女へのメッセージは神による導きだったと信じています。

アンジェリカのお話は、直感のガイダンスと結びつくサインを受け取ったら行動を起こすのが大切であることを思い出させてくれます。

１１１（または１１１１）の数字は、思考をポジティブにし、恐れるものではなく望むものについてだけ考えるように導いています。でも、心配はいりません。チェリル・アレンが説明しているように、この一連の数字は、天使からのいつもそばにいるという合図だからです。

疑いや疑問があるときはいつでも、私は天使からメッセージを受け取っています。たまたま時計を見て11時11分なら、天使が私を愛し、私を導くために、いつも一緒にいることを思い出しています。

天使はあなたが安らかで幸せであることを望んでいるので、喪失感から守るために数字のサインを送ってくれます。その数字のサインに気づいたら、亡くなった人やペットのことを思い出し、心に愛を抱きましょう。なぜなら、リネー・ピサルツが経験したように、

彼らはすぐそばにいるからです。

息子のスティーブンが交通事故で死んだとき、ショックで打ちのめされました。私は、人は死んだら終わりだと考えていましたが、息子から数字という形ではっきりしたサインを受け取ったときに、すべてが変わったのです。

息子は学校でバスケットボールの選手でした。彼のユニフォームの背番号は54で、この数字をメールアドレスにも使っていました。スティーブンが亡くなった後、彼の愛と存在のサインとして、私はあらゆる場所で54という数字を目にするようになったのです。たとえば、時計やナンバープレート、走行距離計などに54という数字を見つけました。車を駐車したら、パーキングメーターの示した残り時間が54分でした。これらは偶然の一致ではなく、シンクロニシティでした。その数字を目にしたときにはいつも、息子がそばにいて私を導いてくれているように思えたのです。

私の誕生日には、特別な贈り物を受け取りました。写真フレームの店の前で立ち止まったとき、ウィンドーに飾られたフレーム入りの写真を見て信じられない気がしました。写真には赤いスポーツ用ユニフォームが写っていて、その背番号が54だったのです。それは私への素晴らしい誕生日プレゼントになりました。
息子が亡くなったとき、私の心も死にましたが、スピリチュアルな気づきによって再び生まれ変わりました。

数字は、私たちが前へと進み、成長するのに必要な勇気をくれます。アビーシャは、数字によって聖なるガイダンスに従うように励まされました。

最近、いろいろな組み合わせで744という数字をよく見るようになりました。これは基本的には、『あなたは正しい道にいます。素晴らしいワークを続けてください』という意味のエンジェル・ナンバーです。それは天使が私にくれた、前進を続けるようにというサインなのだとわかっています。
特にそう感じたのは、レイキのセッションへ行くために車を運転していたときのことです。セッション中に、天使やガイド、亡くなった人からのメッセージがやってくる可能性がありましたが、そのようなサイキック・リーディングを受けるのは初めてでした。理由はわかりませんが、幼いころに亡くした母親からのメッセージを受け取るのが怖かったのです。
その日も急に聞くのが怖くなって、方向転換して帰宅しようとしました。すると、474のナンバープレートをつけた1台の車がそばを通り過ぎたのです。これは、レイキに行くことに関して、私は正しい道にいると知らせる天使からのサインだとわかりました。

そこで、「このリーディングを受けるべきだというサインをもう1つ送ってください」と心の中で天使にお願いしました。すると、すぐに477のナンバープレートをつけたもう1台の車が通り過ぎたのです。この数字の組み合わせを目にして、恐れの気持ちはすっかりなくなりました。

結局、リーディングは素晴らしいもので、亡き母からたくさんのメッセージがやってきました。それが大きな癒しを与えてくれたと感じています。

天使は、いつも私たちのそばにいます。彼らにとって、小さすぎたり、つまらない問題などというものはありません。天使は、私たちの人生をもっと平和にし、あるべき道から外れないように助けてくれます。そうすれば、私たちは今世におけるレッスンを学ぶことができるでしょう。レッスンは魂の進化に必要なもので、学びや成長は人生において非常に重要なことなのです。

次に紹介するロビンのお話は、天使の存在を信じられるように助けられたというものです。

私は教育心理学の博士課程に在籍していましたが、毎日かなりのストレスを感じ、違う道を模索していました。学生生活に終止符を打ち、早く仕事をしたくてならなかったのです。

ある晩、「現在の生活から抜け出させてください、それが無理なら、少なくとも学校で楽しめるように助けてください」と空に向かって叫びました。私は教室で延々と時間を過ごすのではなく、人助けになることがしたいと強く望んでいたのです。

しばらくして、時計やナンバープレート、携帯電話やウォーキングマシンなどで同じ数字が3つ連続しているのを見かけるようになりました。それが何を意味するのかはわかりませんでしたが、深夜2時22分、3時33分、4時44分に何度も目が覚めるのは奇妙でした。私は女友達に、不思議なことが起きていて、その数字が何を意味するのかが知りたいと話しました。

やがて私は、ドリーンの『エンジェル・ナンバー実践編』にめぐり合いました。その本を読んで、111といった3連続の数字は、現状を前向きに考えるようにという意味だとわかったのです。これをきっかけに、天使や大天使の勉強を始めました。

ようやく一人前の教師として教えられる日がやってきました。もちろん私は、よい教師になれるよう天使にお願いをしました。

ある日、学生に試験問題を配布中、すべての人にはガーディアン・エンジェルがいると言ってしまい、後で少し心配になりました。というのも、そのような話題は神学部ならともかく、普通の大学では受け入れられないことだったからです。

でも、前列にいた女子学生が、「今の話、すごくいいですね。鳥肌が立っちゃいました」と口を開き、それに続いて他の学生たちも、「私もです」と言ってくれました。最後の試験問題を配りながら、私はあまり考えもせず、学生たちにこう言いました。

「試験で助けが必要なら、大天使ザドキエルを呼んでください。彼は記憶の天使なので、きっと助けてくれますよ」

それを聞いて、学生たちはにっこりしました。

私は自分の机に戻り、携帯電話をサイレント・モードに変えました。時間は11時11分でした。「とても気が利いていますね。『天使とのつながりを失うことはない』という励ましのメッセージをありがとうございます」と思いました。すぐに心の中で、大天使ミカエルが笑っているのが見えました。

大天使ザドキエルの助けがあったおかげか、それとも学生が勤勉だったからなのかはわかりませんが、テストを受けた全員がAの成績でした。

数字を見つけることの楽しみは、その意味を探すことにもあります。私（チャールズ）の場合、自分でも気づかないうちに巨大なゲームに参加しているようでした。ときには、数字のパターンに一貫性があり、まったくバラバラなところで見かけても偶然とは思えず、奇妙な感じがしました。パイ・チデヤは、数字のサインのおかげで安らぎが得られたと話してくれました。

ソウルメイトと思う男性に出会った直後から、私はあらゆるところで、111という数字を見かけるようになりました。さらに、2時22分、3時33分、4時44分に目が覚めたりしました。数字のせいで、私はおかしくなりそうでした。それが何かを意味しているとは感じていましたが、実際にどんな意味かは知らなかったからです。

ふと見たり、本を開いたりするたびに、これらの数字が目に入りました。何を意味するのだろうと思ってはいましたが、知るすべがありませんでした。

まもなく私は、二人の上司のもとで働くようになりました。その一人が、ドリーンという名前で、もう一人の姓はバーチューでした。ドリーン・バーチューの『エンジェル・ナンバー実践編』を見つけてとても驚いたのは、こういう理由からです（それまで聞いたこともありませんでした）。

本を読み始めて、数字の意味が完全に理解できました。それは、私がこれまでしていなかった、というよりはむしろできなかった天使とのコミュニケーションの形だったのです。私は今、自分に起こることをすごく楽しんでいます。そして、天使や神や宇宙に導かれていると心から感じています。そう信じれば信じるほど、ますます多くのガイダンスを受け取れるようになってきました。

他のサインと同じように、数字があなたに慰めや励ましをくれると感じたら、数字を見

せてほしいと、いつでも天使にお願いしましょう。

サインをお願いするときに大切なのは、天使をせかしたり、サインのタイミングを強要したりしないことです。お願いした後、じっとどこかを見つめたり、広告板に数字のサインが現れないかとイライラしたりするのはやめてください。タイミングはいつも神が決めるものです。天使は決してあなたを失望させないでしょう。ジョイス・オキーフのお話のように天使には天使のやり方があるのです。


私は心身ともにつらい時期を過ごしていました。明るい家庭で育ち、とても幸せな子ども時代を送りましたが、どこかで自分への信頼を失ってしまったのです。当時は鏡に映るのが本当の自分かどうかでさえわかりませんでした。

気晴らしに、私は友人とナイトクラブへ行くことにしましたが、おしゃれをしていても、ちっとも幸せではありませんでした。それどころか、自分には自尊心のかけらもなく、マイナス思考に陥っている気がしてならなかったのです。

幸いなことに、私にはまだ神にサインをお願いする気持ちが残っていました。早速、「神さま、もし今晩、数字の7を見せてくれたら、すべて大丈夫だというあなたのサインだと思うことにします」と言いました。なぜ7を選んだのか、自分でもわかりません。それからすぐ、祈りのことなど忘れてしまいました。

私は楽しそうな振りをしながら、友人と一緒にナイトクラブに出かけました。夜も更《ふ》けて帰ろうとする私たちに見知らぬ男性が近づいてきて、「私は7で、あなたも7で、私たちはみんな7です。すべてが7です」と言ったのです。彼は5分ほど話をしていましたが、それを聞きながら私は畏怖の念に打たれました。

私にとって、彼は神から送られた天使でした。私は彼を抱きしめて、「これが私にとってどんな意味を持つか、あなたにはわからないでしょうね」と言いました。

その夜、私は心の底から理解したのです。私が希望を失わないよう願ってくれている人がいることを。私は、永遠に守ってくれている神と天使からの奇跡を決して忘れないでしょう。

数字は、亡くなった愛する人からのサインになることもあります。これには、エンジェル・ナンバーほど一般的な意味はなく、誕生日や記念日といった個人的に重要な数字を示します。天使は亡くなった愛する人のイニシャルや重要な数字からなるナンバープレート

を送ってくることもあります。

もしも誰かを思い出すような数字を目にしたら、そのときに感じたことを信じてください。ロレイン・ハリカのお話のように、数字が大きな癒しをもたらしてくれるでしょう。


愛する夫、ピーターは突然、天に召されました。悲嘆にくれた私は、他州に住む妹の近くに引っ越すことにしたのです。これまで住んでいた家は1ヶ月もたたずに売れたので、自分が正しい判断をしているとわかりました。

私の車の新しいナンバープレートは、「505WKS」にしました。それは、505週（weeks）という意味に似ていて、覚えやすかったからです。でも後で、妹が思いもしなかったことを指摘しました。もしピーターが生きていたら、私たち夫婦は505週間結婚していたことになると！

これは果たして偶然の一致でしょうか？ いいえ、私にはそうは思えません。それを聞いたときゾクゾクし、このサインをくれた神に感謝して、絶対にナンバープレートを変えないと誓ったのです。

第8章 サインをお願いする

サインは進むべき道を示してくれる素晴らしいもので、奇跡をもたらす力があります。でも、サインが自然に現れるものではないとしたら、どうやって現れるようにできるのでしょうか？　天使と対話してサインをお願いすることは、とても簡単なのです！　何かを考えたり、願ったり、決意したり、表現したりするたびに、あなたはサインをお願いしていることになり、天使はそれに耳を傾けています。

自分の思考をチェックして、つねに望むことだけを考えるのが大切なのは、そういう理由からです。天使はいつもそばにいて、あなたが正しい道にいられるように助けてくれますが、すべての人が学びや進化のためにこの世にいることも天使は理解しています。ですから天使は、あなたが自分にとって最善とはならないことを考えているときでも、その願いに応えようとするかもしれません。

つまり、この宇宙では、エネルギーの法則が絶対かつ完全なものであり、私たちのなすべきことは、自分の中に最も高く、ポジティブで、愛にあふれたエネルギーだけが流れるようにすることなのです。

これは一晩でなしえることではありません。なぜなら、私たちは何でも自分で対処しようとし、重要と思えばいつまでも考える傾向があるからです。問題ばかりに注意を向けていれば、ネガティブな思いをずっと引きずってしまうでしょう。問題に注意を向けずにどうやって解決できるのかと、八方塞がりに感じるかもしれませんが、そんなときに天使がやってきてくれるのです。

「手放して、神にゆだねなさい」という表現を聞いたことがありますか？　これは私たちにとって何よりの真実の言葉です。そばに天使がいることの素晴らしさと恵みとは、私たちの人生が幸せで満たされ、光の中にあるようにするために彼らは何でもしてくれるということです。さらに天使は、必要なら慰めてくれ、孤独を感じれば話し相手を与え、弱さや頼りなさを感じれば強さをくれるでしょう。そのすべての助けに対する見返りとして天使が望むのは、私たちの幸せと、天使の存在を信じる気持ちだけなのです。

次に、天使から慰めのサインやガイダンスをもらいたいときには、どのようなステップを踏めばいいのかをお話ししましょう。

天からのサインを受け取るためのステップ

1. お願いする

自由意思の法則があるため、天使はあなたがお願いした場合にだけサインを与えるなどして助けることができます。ですから、サインがほしいときにはお願いしなければなりません。どんなものが現れてほしいかは詳しく言わないほうがいいでしょう。ただ、お願いした後に、繰り返し起こるパターンがないかに注意してください。

必ずしも必要なわけではありませんが、儀式的にするといいかもしれません。日課にして天使との対話から直感を得られるようになれば、あなたの人生は想像もできないほど恵まれたものになるでしょう。

思考は、祈りの1つの形です。このことを理解して、天使へのすべてのお願いを自分の本当に望むものにしてください。

ルイーズは、大きな精神的ショックを受けたときに、サインをお願いして心の安らぎを得られたと話してくれました。今では毎年、すべて大丈夫だというサインを受け取っているそうです。


3歳の息子リッキーが珍しい心臓病だと診断されたとき、私たちは悲しみに打ちひしがれました。その後まもなく、リッキーは夫の腕に抱かれながら息を引き取ったのです。

リッキーが亡くなって数日後、夫は仕事に戻らなければなりませんでした。近所に知り合いは少なかったので、私には心を許して話せる相手がおらず、とても孤独で悲しいときをすごしていたのです。息子が亡くなって1週間ほどしたある日の午後、私は夫と家の前に座っていました。急にとても悲しくなって、「リッキーが大丈夫というサインがあったらどんなにいいか……。苦しみから解放されて幸せでいることを知りたいだけなの」と夫に言いました。

ちょうどそのとき、長女が走ってきて、「早く裏庭に来て」と叫びました。すぐ駆けつけると、驚くほど見事な虹がかかっていたのです。それは巨大で、鮮やかな虹でした。

これまで見たことがないほど美しいものでしたが、私は単なる偶然にすぎないと思いました。

それからすぐ、まるで偶然ではないと告げるかのように雪が降り始めて、ひらひらと静かに地面に落ちたのです。私たちは両腕を広げたままその場に立ちつくし、雪が降るのをただ眺めていました。肌に触れた雪が溶けていくのを感じながら、信じられない思いで互いに見つめ合ったのです。それは日差しの明るい、雪が降るなど考えられない午後のことでした。

他の人たちに、その日、雪を見たかと尋ねると、まるで私がおかしいというような顔をされました。妹にも電話をして話しましたが、私の悲しみが大きすぎるせいだろうと思われ、カウンセラーに会うことをすすめられました。けれど私は、それが本当に起こったことで、紛れもない天からのサインだったとわかっています。雪を見たのは私たち家族だけでしたが、このことが大きな安らぎとなり、おかげで私は前へと進むことができました。

さらに私たちは、黄色のミニバラの茂みに、リッキーが元気だというサインを見つけています。それは彼が亡くなる直前に私が植えたものでしたが、彼の命日と誕生日には毎年、決まって新しいつぼみをつけるのです。私にとって黄色のバラのつぼみは、リッキーが大丈夫だと知らせてくれる天使からのサインです。

2 信じる

天使はあなたのそばにいると信じ、彼らが送ってくれるサインを信頼してください。ミッシェル・シモンズは、お願いして信じるだけでサインを受け取ることができたと話してくれました。信じることはとても強力な手段なのです。

オーストラリアのメルボルンに移住したばかりのことです。知り合いはあまりいなかったので、職場の同僚が親切にパーティーへ招待してくれたとき、喜んでそれに応じました。

当日、私は、とても寒くて真っ暗な中を運転していました。行き方は教えてもらっていましたが、さびれた工場地帯の曲がりくねった道路で迷ってしまったのです。携帯電話も地図もなかったので、私は怖くなり、神や天使に助けてほしいと祈りました。すると、すぐに気持ちが落ち着いてきました。

私は神や天使の導きを感じ、自分の直感に従いながら運転し続けました。まもなく、ファストフード店がある幹線道路に出たので、そこのドライブスルーで買い物をして道を尋ねました。店から出ると、道路の向かい側に教会が見えました。その掲示板の文字を読んで、私は笑ってしまいました。だって、こう書いてあったのです。

「道に迷ったら、神さまに教えてもらいましょう！」

3. 神のタイミングを信じる

すべての祈りは聞き届けられますが、天使が微調整をしているので、その実現が遅れることもあるようです。

ヘザー・スシオのお話は、お願いと祈りがいつも正しいタイミングで応えられることを示しています。

祖父デービスと過ごしたのは、子ども時代の6年間だけですが、それは人格形成に人の優しさが大きな影響を与える重要な時期でした。祖父は私の大親友で、私が必要とするときにはいつもそばにいてくれて、あれこれと世話を焼いてくれました。そのすべてが5歳の子どもにとって大きな意味を持っていたのです。たとえば、初めてのハロウィーンでは、合成ゴムで魔女の鼻を作ってくれ、楽しいイベントに連れていってくれました。また、ある年には、学校の成績表や図画に手書きのコメントを添えたスクラップブックを作ってくれました。

祖父はまた、熱心な切手収集家でした。海外や国内の切手、新品や使用済み切手など、さまざまな切手に魅せられていました。そのコレクションは膨大で、両親の家のどの部屋にも祖父の切手帳が保管されていました。祖父は切手の異国情緒あふれた雰囲気を愛していたのです。

祖父は航空会社で整備士として地上勤務をしていました。ロマンティックな旅人の心を持ち、いつの日か訪れるかもしれない異国の地に思いをはせていたに違いありません。祖父が亡くなった後、彼の姿を見たり声を聞いたりはしませんでしたが、天上のどこかにいると信じていました。

ある晩、思い悩んでいた私は、祖父に声をかけてほしいと心から願いました。何か特別なことを頼みたいわけではありませんでしたが、彼がそばにいてくれることをただ知りたかったのです。私は、単に感じるのではなく、もっと具体的なもので彼の存在を知りたいと思いました。

祖父にサインをお願いした翌朝、つまり、存在を示してくれるように懇願した12時間後、郵便物が届きました。私が朝食のテーブルにつくと、夫がこう言ったのです。

「前に注文していた荷物が、香港から今朝、届いたんだ。なんと箱の上から下まできれいな切手が貼ってあるんだよ。切手を集めている人はいないかなあ」

私の目に涙があふれてきて、まず夫にお礼を言い、それから祖父に感謝しました。人生とはなんと貴く、素晴らしいものなのでしょうか。誰しもたった一人で人生を切り抜ける必要はないのです。お願いすれば、必ず天からのサインを受け取れるでしょう。私は天使から愛され、守られているといつも感じていましたが、その確証を得られたのは本当に素晴らしいことでした。

ヘザーのお話のように、すぐに応えられる祈りもあれば、時間のかかる祈りもあります。けれど、天使は助けを求める願いをすべて聞いていて、それに応えてくれるのです。

4. サインに気づく

あなたがサインをお願いしているのに、まだそれを受け取っていないと思うなら、すでに届けられたサインに気づいていないか、それがサインだと信じていない可能性があります。

でも、サインは無限に与えられるので心配しないでください。天使に他のサインを送ってくれるようお願いしましょう。そして、あなたがそのサインに気づいて、理解できるように頼んでください。

天使は、あなたがサインに気づくまで何度でも喜んで送ってくれます。たとえその意味がわからなくても、それに気づくことが大切です。サインの重要性について自分の直感を信じ、さらに天使にその意味を説明してもらうといいでしょう。

ベブ・ブラックは、自分が目にした光を信じたときに恐れの気持ちがやわらぎました。光は天使があなたとともにいて、あなたを見守っているというサインなのです。

私は、夫をアメリカのベリンガム空港へ迎えにいこうと車を運転していました。フェリーを乗り継いで、カナダのブリティッシュ・コロンビア州からワシントン州に入り、道のりはようやく終盤に差しかかったところでした。

巨大な嵐が雷や稲妻を伴ってやってきたとき、高速道路にはすでに雪が積もって凍りついていました。その上、大粒のあられがたくさん降ってきて、前がほとんど見えなくなったのです。道は狭く、暗かったので、車を寄せる場所もありませんでした。

私はとても怖くなり、どうか目的地まで無事に到着できるよう守ってほしいと天使に祈りました。数分もしないうちに、隣の助手席に明るい光の点滅が見えて、私の祈りが聞き届けられたとわかったのです。天使が横に座って私を落ち着かせ、助けてくれたおかげで、自信を持って空港まで運転していくことができました。もう怖がらなくていいとわかっていましたから。

5. ガイダンスをもらったら行動する

天からのサインは、自分の祈りをかなえるために取るべき行動について教えてくれているかもしれません。リサ・ホップが発見したように、そのガイダンスに従って行動することが大切です。

その日はいろいろ問題が起こり、どう対処していいものかわからずにいました。両親の家へと車を走らせながら私は空を見上げ、「どうすればこの窮地から抜け出せるのでしょうか」と大声で叫びました。

すると、左側から灰色のフォルクスワーゲンのバンが近づいてくるのが目に入ったのです。バンそのものよりも、運転の仕方が気になりました。猛スピードで近づいてきて、追い越した途端にぐんとスピードを落としたように思えたからです。

そのバンには、紫色の花がついた白いバンパーステッカーが貼ってあり、下のほうに文字が書かれていました。紫は私の好きな色なので、すぐに目がいったのですが、「すべてシンプルに」と書かれていたのです。これを読み終えた瞬間、バンはスピードを上げて目の前の小さな丘へと走り去っていきました。数秒後、私も同じ丘を越えましたが、そのバンはどこにも見当たりませんでした。

直感的に私は、このサインが祈りに対する答えだという気がしました。でも、このメッセージの意味が理解できず、さらに自分に天から助けを受け取る価値があるとも思えなかったのです。結局、偶然の一致として処理してしまいました。

2時間後、私は家に戻って居間で新聞の日曜版を読んでいました。テレビでは、その日のアメフトの第一試合をやっていました。興味のある記事をすぐ読めるように、目の前に新聞の各面を広げていました。

不動産の面は左にありました。理由はわかりませんが、私の注意はそちらに引き寄せられたのです。最初のページを開くまで、それを手に取ってちらりと見てからまた戻す、ということを二度も繰り返しました。開いたページの左下には大きな豪邸の絵が載っていましたが、なんとそこには、「すべてシンプルに」と大きな文字で書かれていたのです。

私がこの言葉に反応する前に、テレビの音声がひとりでに大きくなりました。アメフトの解説者二人のうち一人が、「彼はどうやってオフェンスに変化を与えられたと思いますか」と言うと、もう一人の解説者はこう答えました。

「それは明らかですよ。オフェンスラインをシンプルにしただけです」

それから音声がぐんと小さくなりました。私は泣きだしてしまいました。そして、天使に感謝し、このメッセージを理解して必要な変化を起こせるようにとお願いしたのです。

以来、私は自分の生活をさまざまな形でシンプルにしています。そのおかげで物事にうまく対処できるようになり、同時に天使の声がもっとよく聞こえるようになりました。

サインを受け取るその他の方法

＊声に出して祈りましょう

心の中で考えたり願ったりしても達成感や安心感が持てないようなら、声に出して祈ってみてください。天使にとっては何の違いもありませんが、あなたが自分の祈りについてどう感じるかは、実際の行いと同じくらい大切です。

自分の問題を天使にゆだねたと信じていなければ、あなたはその問題についてまた考えてしまうかもしれません。そのような行為が何をもたらすかはご存じのはずです。自信を持って声に出して祈ることは、心配を手放すための素晴らしい方法なのです。

＊祈りを紙に書きましょう

もう1つの強力な方法は、あなたの思いを紙に書いたり、パソコンで打ったりすることです。これはとても効果がある方法です。自分を完全に表現できるだけでなく、祈りを記録しておけるので、天使にゆだねて問題が解決したことを思い出す手がかりになるでしょう。

読みやすく書かれていなくても、年代順に並べられていなくても、文法的に正確でなくてもかまいません。完全な文章でなくても大丈夫です。書いたときのあなたの気持ちがいちばん重要なのです。

＊祈りの内容について瞑想しましょう

瞑想によって、あなたは自分の考えを完全に表現できるようになります。私（チャールズ）は、心に疑問やお願い事があると、よく瞑想しています。瞑想に深く入り込んで、天使にすべての思考を取り除き、私の代わりに愛情深く対処してほしいとお願いしているのです。

この瞑想でのルールは、私の心から思考や感情がすべてなくなるまで現実世界には戻らないということです。瞑想を終えたとき、私は完全にリラックスしています。さらに、「請求書の支払いはできるだろうか?」「さっき彼女が言ったのは、どういう意味だろうか?」

請求書の支払いはできるだろうか?」というような平穏を妨げる思考からも自由になれます。

＊祈りが応えられた様子を思い描きましょう

あなたの願いを天使界に伝えるだけでなく、もっと強力に実現できるようにする方法は、自分の望みがすでに達成し、実現したイメージを抱くことです。目標を設定したら、努力が実った結果を思い描いてください。細部に恐れや疑いを持つのはやめましょう。

次にあなたが問題に直面したら、天使に問題を取り除いてもらい、解決してくれるようお願いしましょう。自分に合うと思えばどんなやり方でお願いしてもかまいません。

天のタイミングは人間の時計に縛られてはいないので、辛抱強く待っていてください。タイミングは神によって決められます。天使があなたの問題を取り去ってくれた後で、もしあなたが天使の能力を疑っていれば、すべてのプロセスが止まってしまうかもしれません。なぜなら、天使はあなたがこれ以上の助けは望んでいないと思ってしまうからです。

どんな方法を選ぶとしても、何をお願いするとしても、天使は私たちに代わって行動するのではなく、私たちの魂の成長や向上に必要な行為へと導くために存在するのだと覚えていてください。サインがとても重要なのは、このような理由からです。サインは私たちの周りの至るところに存在していて、それに心を開けば、私たちの生活はずっと平和で調和のとれたものになるでしょう。

サインは、あなたの願いに応えて必ず送り届けられます。ですから、そのサインに気づくために、あらゆる感覚を使ってください。あなたはサインを視覚あるいは感情によって受け取るかもしれません。また、声や音楽が聞こえたり、考えがひらめいたりすることもあるでしょう。クリスタの場合、サインはタバコの匂いとしてやってきました。

私はわずか11歳でしたが、いつもスピリットと強いつながりを持っていました。祖母の家に泊まるたびに、スピリットを見たり感じたりしていたのです。

私は世の中で何の役にも立てないことに、むなしさを感じることがありました。自分の無力さを痛感し、落胆していたのです。けれど、そうなるたびにタバコの匂いがかすかに漂ってきて、私を慰めてくれました。

このことを母に話したところ、曾祖父がタバコを吸っていたとわかりました。その匂いは、彼が私たちのそばにいて慰めてくれているサインだったのです。私は彼の助けにとても感謝しました。

クリスタが受け取ったタバコのような特徴的な匂いは、亡くなった愛する人がそばにいて、幸せにしているというサインです。

デ・ウィリアムの場合のように、個人的に意味のある香りが聖なるガイダンスのサインになることもあります。

私は天使に、その存在を示す物的証拠と、私にスピリチュアルな能力があると確信させてくれる証《あかし》がほしいとお願いしました。何のヒントも言葉も与えられないまま、月日が過ぎていきました。そのころ『エンジェルオラクルカード2』(ライトワークス)を使い始めましたが、亡くなった愛する人がコンタクトしようとしているというカードが続けて現れたのです。それが誰であるか何の手がかりもなかったので、明確にしてほしいと天使にお願いしました。

私は義父の会社で働いており、事務所は義父の家にありました。水曜日の朝、仕事に行き、居間に入ると男性用コロンの匂いがしたのです。それは私の父がつけているものに似ていたので、すぐに父のことが頭に浮かびました。義父がコロンを使っているかどうかは知りませんでしたが、おそらくそうなのだろうと思い、匂いのことはすぐに忘れてしまいました。

でも、その匂いは、午前中いっぱい居間以外のところでも感じられ、どの部屋に入ってもコロンの匂いがしたのです。私は、亡くなった人のカードに関連するヒントかもしれないとも考えました。ただ、その香りは自分の父と強く関係しており、父はまだ元気だったので、そんなはずはないと決めつけてしまいました。

そう思った直後、頭の中で『お父さんに電話して、大丈夫かどうか確かめなさい』という声が聞こえたのです。悪い予感がしましたが、思いすごしに違いないと思い、コロンのときと同様に、再び無視してしまいました。

その後、私は書店に行き、ドリーンの『願いをかなえる77の扉』（宇佐和通訳　メディアート）を立ち読みしていました。すると、またコロンの匂いがしましたが、周囲には男性はおろか誰もいませんでした。その日の午後、自宅の庭にいるときも、ずっと同じ匂いがしていました。自分のシャツについているのかもしれないと思い、匂いを嗅いでみたくらいです。結局、出どころはわからず、また無視したのですが、コロンの匂いがしたのはそれが最後でした。

翌日、私は父に冗談めいたメールを送りました。すると、驚いたことに、すぐに返信があったのです（父はめったに返信をくれない人です）。そこにはなんと、一昨日、心臓に電気ショックをかけたとありました。あわててすぐに電話をかけると、父が病院にいるときに心房細動が起こったというのです。すぐに救命救急に搬送されたそうですが、投薬しても効果が見られず、結局、電気ショックを与えなければなりませんでした。

私は父に、コロンの匂いがしたので心配になって電話したと話しました。すると、その日、しばらくぶりにコロンをつけたと教えてくれたのです。私は心房細動が起きたのは何時ごろだったかと尋ねました。というのも、午前9時から12時の間に頻繁にコロンの匂いがしたからです。

思った通り、時間は午前9時30分ごろでした。今はもうすっかりよくなって仕事にも復帰し、翌日には心臓専門医に会う約束をしていると言いました。

父には高血圧の持病がありましたが、心臓は丈夫でした。私は家に戻ってから、天使と話をし、父に関する警告を無視したことを謝って、父を癒してくれるように頼みました。特に、心臓専門医が大丈夫だと太鼓判を押してくれるようにお願いしたのです。

翌日、心臓専門医との話が終わったころを見計らって父に電話をかけると、心臓にはどこも悪いところがなかったと言いました。医師は、心房細動の原因を見つけられず、父の心臓は健康な状態だと告げたそうです。

私はもう天使の存在を疑いません。彼らが本当に存在するとわかっています。

サインは他の人を通してやってくることもあります。ですから、誰かの言葉にピンときたら、それに注意を払うことが大切です。その言葉は、天使から送り届けられたものかもしれません（その人は自分が地上の天使の役割を担っていると理解していないことが多いのですが）。結局は、自分が聞いたことを信じるかどうかの問題なのです。

二人から別々に同じメッセージを聞いたとき、ロザリンダ〝チャイトー〟・チャンピオンは、ようやくそのことを理解しました。

私はプロのフラメンコ歌手で、芸術一家に育ちました。ですから、音楽が天使や神とつながっていることは、小さいころからわかっていた気がします。私は、神のために歌い、神のことを歌いなさい、というガイダンスを繰り返し受け取りながらも、20年間も無視し続けていました。

最近のことですが、酒と熱気が漂う騒々しいラウンジで歌う仕事がありました。そのとき、白いドレスを着た3人の姉妹が私のショーを見にきて、できれば父親の誕生日に歌ってほしいと言ったのです。ショーが終わると、姉妹は私を自分たちのテーブルに呼んで、私の手を握って祈り始めました。周囲の人たちはまったく気づいていないようでした。姉妹が私の精神力や健康や進路などについて祈ってくれている間、私はずっと目を閉じていました。

祈りが終わると、一人がこう言いました。

「神からあなたへのメッセージがあります。あなたは何年もたくさんの苦しみを経験してきました。これからは神のために歌ってください。あなたの力強い声で、神のメッセージと神への賛美を歌うのです」

サンアントニオのラウンジで、自分のところに神が降りてきたことに私は畏怖の念を抱きました。けれど、その気持ちを3週間もしないうちにすっかり忘れてしまったのです。すると、その姉妹は再び、白い服を着た女性をさらに3人連れて現れ、年長の女性が、「神からあなたへのメッセージがあります。歌詞と曲の創作を始めてください。そうすれば、神のメッセージと神への賛美を歌うことができるでしょう」と言いました。

以前に私に話をした女性が、年長の女性のほうを見て言いました。

「私はこの方に、3週間前にも同じメッセージを伝えました。あなたにはそのことをお話ししていませんでしたね。これは確認のメッセージです」

天使と神がこの素晴らしい女性たちを送ってくれたのだと、私は感じています。自分の目的について何年も尋ねた後で、神はようやく私に示してくださいました。私は、大天使ガブリエルに助けられながら、このガイダンスに従っています。私は今、アースエンジェルの存在を信じており、1ヶ月前に会った6人の女性はアースエンジェルなのだと確信しています。

第9章 サインを受け取るための祈り

祈りの目的に比べれば、あなたがどんな言葉を使うかは、さほど重要ではありません。天使はあなたの意図に反応するからです。ですから、仕事や人間関係のガイダンスをお願いする方法は何千通りもあると言えるでしょう。

天使が注意を払っているのは、そのもとにあるあなたの感情なのです。あなたは平和や安全、あるいは高揚感や至福を求めていますか？　もしそうなら、天使はそれをあなたにもたらしてくれるでしょう。

天使は、ほとんどの祈りにサインや直感など聖なるガイダンスによって応えています。これまでのところで学んだように、このサインに気づいて従えば、あなたは素晴らしいチャンスや安らぎへと導かれるのです。

この章では、人生のさまざまな分野でサインを受け取るための祈りの例を紹介します。それを声に出して言ったり、心の中で唱えたり、歌ったり、書いたりなどして祈ってください。もう一度繰り返しますが、祈りの形式は、次にあげる3つのステップほど重要ではありません。

＊ステップ1：お願いする

あなたがお願いしたときだけ、天使はサインを与えることができます。

＊ステップ2：サインに気がつく

これに関連して、サインが偶然の一致ではないと信じることも大切です。目にしたサインが本当かどうか疑っているようなら、ステップ1に戻って、あなたの受け取ったものが本物であるというサインをお願いしましょう。

＊ステップ3：サインで示されたガイダンスに従う

天使のサインが行動するように促したら、あなたの祈りをかなえるために、そうしなければなりません。

それでは、サインをお願いするための一般的な祈りから始めましょう。

＊サインをお願いするための一般的な祈り

トラック1

親愛なる天使よ。

次のことについて助けをお願いします。

［　　　　　　　　あなたのお願いや質問　　　　　　　　　］

私がすぐに気づけて、理解できるように、はっきりとわかるサインをください。

この祈りでは、具体的なサインがやってきて、はっきりと認識できるようにお願いしています。

次に、サインが示す神のガイダンスに従えるようにする祈りを紹介します。

＊サインが示す神のガイダンスに従えるようにする祈り　トラック2

親愛なる天使よ。
あなたの導きに従って、私が行動を起こせるように勇気と情熱を与えてください。

ここからは、状況別にサインをお願いするための祈りを紹介します。自由に変えたり、付け足したりしてもかまいません。また、自分独自の祈りをつくってもよいでしょう。
天使はすべての祈りに耳を傾け、応えようとしていることを忘れないでください。

恵みと保護を求める祈り

＊子どものための祈り　トラック3

親愛なる天使よ。
どうぞ私の子どもたちが愛に包まれているというサインを送ってください。
彼らに私の愛を送り、あなたの保護のもとに置いてください。
彼らの成長のために私の助けが必要なときには、明確なサインをくださるようお願いします。

＊伴侶《パートナー》のための祈り　トラック4

親愛なる天使よ。

どうぞ私の伴侶《パートナー》から目を離さず、見守っていてください。

私たちの関係が、すべてうまくいくというサインをください。

不安感からお願いしているのではなく、自分が正しい道にいるという愛ある確証がほしいのです。

＊両親のための祈り　トラック5

親愛なる天使よ。

私の父や母を見守ってくださり、ありがとうございます。

彼らを導き、守り、助けてくださって感謝します。

彼らが愛され、幸せであるという明確なサインを私にください。

両親のために私が何か行動を起こすべきときには、どうぞガイダンスを送ってください。

＊ペットのための祈り　トラック6

親愛なる天使よ。

どうぞ私の「ペットの名前」を見守ってください。

私の愛するものの安全や健康、幸福を約束してください。

私の「ペットの名前」に必要なものがもっとわかるように、はっきりしたサインをお願いします。

＊迷子のペットのための祈り　トラック7

親愛なる天使よ。

あなたにはすべてのものや人が見えており、見失うものなどないとわかっています。

神の目にとって、何ひとつわからないことはありません。

私の「ペットの名前」とすぐに再会できるように助けてください。

私の「ペットの名前」を見つけられるように、どうぞサインを送ってください。

天使や神やハイヤーセルフが私の「ペットの名前」と一緒にいると知っているので、

私はリラックスしています。

＊友人のための祈り　トラック8

親愛なる天使よ。

どうぞ私の友人［　友人の名前　］が、現状に安らぎを見出せるように助けてください。

友人をサポートするための最良の方法をはっきりしたサインで教えてください。

対立を解決するための祈り

＊愛する人との対立を解決する祈り　トラック9

親愛なる天使よ。

私が直面している対立に、平和で調和のとれた解決法があるというサインを送ってください。

どうぞ私たちが愛と許しに包まれて、互いの腕の中へと戻れるように導いてください。

＊子どもとコミュニケーションをとるための祈り　トラック10

親愛なる天使よ。

私が厳しく言うことで、子どもたちがよいほうに向かうというサインを送ってください。

どうぞ子どもたちに私の愛と保護を与えてください。

私は、子どもたちのために最善のことだけを望んでいます。

＊隣人との問題を解決するための祈り　トラック11

親愛なる天使よ。

隣人との状況には解決策があるというサインをください。

私たちは、同じところに住んで、同じエネルギーを共有しています。

私たちがともにその場所へ、光と愛だけを送っていることを確かめたいのです。

＊義理の両親と親しくなるための祈り　トラック12

親愛なる天使よ。

どうぞすべてがうまくいき、義理の両親と仲良くなれるというサインをください。

私が彼らの子どもを愛していて、その両親であるお二人とよい関係を築きたいと思っているいることを知ってほしいのです。

＊職場での問題を解決するための祈り　トラック13

親愛なる天使よ。

私がもう一度、今の仕事で幸せを見つけられるか、あるいは違う仕事につけるというサインをください。

どうぞ私を次のステップへと導いてください。

現在の問題を解決する助けか、前進すべきだというサインがほしいのです。

健康に関する祈り

＊依存症を癒す祈り　トラック14

親愛なる天使よ。
どうぞ私が依存している［　依存物の名称　］への渇望《かつぼう》から私を解放してください。

そして、充足感と穏やかさが得られるように助けてください。

私の行動を健康的な方向へと導くための、はっきりとしたサインをください。

＊病気を癒すための祈り トラック15

親愛なる天使よ。

私がいちばんお願いしたいことは、身体的、感情的、精神的、知的、スピリチュアルなどのあらゆるレベルで安らぎを得ることです。

どうぞこれらすべての領域で、もっと健康になれるようにサインをください。

＊健康的なライフスタイルのための祈り トラック16

親愛なる天使よ。

健康的なライフスタイルについてはっきりしたサインをお願いします。

どうぞ毎日の食事や飲み物、運動や睡眠などのあらゆる面で、もっと健康的な生活ができるよう導いてください。

＊死の悲しみを癒すための祈り

トラック17

親愛なる天使よ。
私の深い悲しみを癒してくれるようにお願いします。
どうぞ愛する人が天国で元気にしていて、［　その人について知りたい内容　］という
サインを送ってください。

＊ダイエットのための祈り

トラック18

親愛なる天使よ。
私は、体や人生から、健康によくない余分な重荷を取り除く準備ができました。
どうぞ、私の性格や予算やスケジュールに合った、最も健康的で効果のあるダイエット
法についてサインとガイダンスをください。

＊愛する人の健康を願う祈り

トラック19

親愛なる天使よ。
よりいっそうの注意や愛情やケアを［　人の名前　］に与えてください。

私の愛する人が健康な状態に戻れるようにお願いします。

このことを約束してくれるサインと、私が［　名前　］の健康をサポートするためのガイダンスを送ってください。

＊**回復するための祈り**　トラック20

親愛なる天使よ。

私の体が奇跡的なスピードで回復できるように助けをお願いします。

順調に回復しているというサインと、私がこれからなすべきことについてのガイダンスをください。

家に関する祈り

＊**紛失物を見つけるための祈り**　トラック21

親愛なる天使よ。
どうぞ私が失くした［　紛失したものの名前　］を見つけられるようにサインをくださ

い。

それは家の中のどこかにあると思います。

私は、正しい方向を指し示す小さなサインが必要なのです。

＊新しい住まいへ引っ越すための祈り

トラック22

親愛なる天使よ。

私が引っ越しすべきかどうか、そして、最良の引っ越し先についてのサインをお願いします。

この引っ越しに関してあらゆる面で導いてください。

私があなたのサインに気づき、従えるように助けてください。

＊財産を守るための祈り

トラック23

親愛なる天使よ。

私が留守にしている間、すべての持ち物が安全であるというサインをお願いします。

わが家を守るため私にすべきことがあれば、どうぞ適切なサインをください。

人生の目的、仕事、財産についての祈り

＊転職のための祈り　トラック24

親愛なる天使よ。

仕事の選択についてあなたに相談したいのです。

私の感情的な欲求、スピリチュアルな欲求、経済的な欲求、知的な欲求を満たすのにいちばんいい仕事は何か、サインとガイダンスを送ってください。

＊経済的安定のための祈り　トラック25

親愛なる天使よ。

本当の経済的安定を手に入れるために私は何をすべきか、はっきり導いてくださり、ありがとうございます。

お金について安心できるサインと、あなたが私の経済的な状況を助けてくれているというサインに感謝します。

＊人生の目的を見つけるための祈り　トラック26

親愛なる天使よ。

私はこの地球上での目的を知りたいと思っています。

そして、経済的な安定をもたらしてくれるやりがいのある仕事で、その使命を果たすにはどうすればいいかが知りたいのです。

人生の真の目的へと導くために、私がすぐに気づき、理解できるようなサインをください。

＊請求書を支払うための祈り　トラック27

親愛なる天使よ。

私に請求書の支払いができるという確証のサインをください。

収入を増やし、支出を減らす方法へと導いてください。

すべての請求書を楽々と支払え、その後で、人に恵んだり、与えたりできるお金も残るようにお願いします。

＊起業するための祈り　トラック28

親愛なる天使よ。
起業の道へと導いてくれるサインをお願いします。
私の起業を助けるために、アイディアや人脈や経済的なサポートや、私が必要とする
［　他に必要なもの　］を与えてください。

恋愛に関する祈り

＊ソウルメイトに出会うための祈り　トラック29

親愛なる天使よ。

ソウルメイトへと導いてくれるサインをお願いします。

素晴らしい恋愛関係を築くために、そのサインに気づいて従えるように助けてください。

＊心を癒すための祈り　トラック30

親愛なる天使よ。

私には、あなたのサポートや慰め、励ましや愛情が必要です。

どうぞ悲しみや嘆き、苦しさや失望を取り除けるように助けてください。

私の心が癒されつつあり、すべて大丈夫だというはっきりとしたサインをお願いします。

＊愛を引き寄せるための祈り

トラック31

親愛なる天使よ。

私が恋愛で満足感を得られるように、助けてください。

人生にもっとロマンスを引き寄せるために、私はどんな行動をとればいいかというサインをください。

＊別れを決断するための祈り

トラック32

親愛なる天使よ。

現在の恋人と別れるべきかどうかに悩んでいます。

私が決断できるように、愛と明晰さのあるサインを見せてください。

＊ソウルメイトを見極めるための祈り　トラック33

親愛なる天使よ。

私が「　人の名前　」とソウルメイトかどうかを知りたいと思います。

この人が、私の望むようなパートナーになっていくのかを見分ける、はっきりとしたサインをください。

現実化のための祈り

＊新しい友人を引き寄せるための祈り　トラック34

親愛なる天使よ。

とても頼りになって、健康的で楽しく、さらに「　あなたが友人に望む資質　」といった新しい友人を私に引き寄せてください。

新しい友情をもたらす方向へと導くサインをください。

＊豊かさを得るための祈り　トラック35

親愛なる天使よ。

私は、経済的な豊かさの流れに乗る準備ができています。

この豊かさを引き寄せるために、どんな行動をとるのがいちばんいいのか、明確なサインをお願いします。

私がそのサインに気づき、理解して、従えるように助けてください。

＊決断するための祈り

トラック36

親愛なる天使よ。

私は、2つの選択肢のうちどちらかに決めるため、助けが必要です。

より平和な方向へと導いてくれるのはどちらなのか、サインとガイダンスをお願いします。

おわりに

本書で述べてきたように、サインはいろいろな形や状況でやってきます。サインはとても個人的なものなので、あなたにとっては重要でも、他の人には意味をなさないかもしれません。サインはいつも、それを受け取る前に尋ねた質問と関連づけて理解する必要があります。

サインの強力なガイダンスを用いれば、不安やコントロールしたい気持ちを軽減できるでしょう。何かの実現に向けて一生懸命になりすぎると、自分の願望とはまったく反対の方向へ行ってしまいかねません。あなたが奮闘すればするほど、それはますます困難になるのです。

この原則は、人生のさまざまな領域に当てはまります。極端な例ですが、スカイダイバーは体をリラックスさせて着地時の衝撃から身を守っています。緊張して落下をコントロールしようとする人ほど、トラウマを伴うような結果を招いてしまうものです。私たちの体はリラックスしてゆったりしているときに、いちばんよく機能するようにできているのです。

私たち一人ひとりが進歩すれば、世の中も進歩します。地球上での生活は複雑で難しいものだとお思いかもしれませんが、実はそれぞれの道を努力しながら生きている個々人の集まりなのです。これまで人々は、人生や仕事に苦難はつきものだと信じてきました。けれど、もうそうではありません。

天使は、私たち人間が世の中や自分自身をもっとよくできると知っているからこそ、最近はよく姿を現すようになったのです。

恐れや心配やコントロールしたい気持ちを手放すことによって、誰もがもっと幸せで安心した、もっと豊かな生活を送ることができるでしょう。

天使があなたのそばにいるというサインをお願いしてください。その証拠を受け取ったら、次にどんな行動をとればよいかの導きを頼んで、さらなる一歩を踏み出しましょう。あるいは、あなたが正しい道にいるかどうかを教えてくれるように頼んでください。サインは必ずやってくるはずです。

サインの存在を信じて、それを理解する方法を学べば、あなたの人生は想像をはるかに超えて充実し、祝福されたものとなるでしょう。

私たちはいつも、あなたと一緒にいます。

愛を込めて。

ドリーン&チャールズ

［著者］

ドリーン・バーチュー（Doreen Virtue）

心理学者。現在はエンジェル・リーディングをおこなうプラクティショナーの養成に力を入れると同時に、CNNなどのメディアへの出演や講演活動、各種のワークショップをおこなっている。著書には、『エンジェル・ヒーリング』『エンジェル・ナンバー』『エンジェル・ガイダンス』『エンジェル・セラピー瞑想CDブック』『天使の声を聞く方法』『新版 エンジェル・メディスン・ヒーリング』『新版 女神の魔法』（以上、ダイヤモンド社）など多数がある。www.angeltherapy.com

チャールズ・バーチュー（Charles Virtue）

ドリーン・バーチューの長男であり、エンジェル・セラピー・プラクティショナー（ATP）。ドリーンのアシスタントとして７年間務めた後、「ワーキング・ウィズ・ユア・エンジェル」の講師として世界中で教えている。www.CharlesVirtue.com

［訳者］

奥野節子（おくの・せつこ）

北海道生まれ。高校の英語教師を経て、ジョージ・ワシントン大学大学院修了後、ニューヨークの米企業に勤務。訳書に、『喜びから人生を生きる！』（ナチュラルスピリット）、『あなたのガイドに願いましょう』『エンジェル・ナンバー実践編』『天使の声を聞く方法』（以上、ダイヤモンド社）など多数がある。

新版　人生に奇跡を起こす

天使のスピリチュアル・サインCDブック

2015年２月19日　第１刷発行

著　者——ドリーン・バーチュー　チャールズ・バーチュー
訳　者——奥野節子
発行所——ダイヤモンド社
〒150-8409　東京都渋谷区神宮前6-12-17
http://www.diamond.co.jp/
電話／03·5778·7234（編集）　03·5778·7240（販売）
装幀———浦郷和美
CDナレーション—北原久仁香（シグマ・セブン）
CD音源制作—露木輝（ログスタジオ）
CD音源編集—磯部則光（ペニーレイン社）
編集協力——野本千尋
DTP制作——伏田光宏（F's factory）
製作進行——ダイヤモンド・グラフィック社
印刷———勇進印刷（本文）・加藤文明社（カバー）
製本———本間製本
編集担当——酒巻良江

ISBN 978-4-478-02674-8